# LE DROIT COMMERCIAL
## DE LA PRINCIPAUTE
## DE MONACO

AVEC UNE INTRODUCTION PAR

### LE BARON HECTOR DE ROLLAND,

Vice-président du Conseil d'État, Premier Président de la Cour d'Appel de Monaco

ET DES NOTES PAR

### OSKAR VORMBAUM,

Juge au Tribunal de seconde instance de Charlottenbourg.

PARIS

**LIBRAIRIE GÉNÉRALE DE DROIT ET DE JURISPRUDENCE**

*Ancienne Librairie Chevalier-Marescq et C*ie *et ancienne Librairie F. Pichon réunies.*

F. PICHON ET DURAND-AUZIAS, ADMINISTRATEURS.

Librairie du Conseil d'État et de la Société de Législation comparée.

20, RUE SOUFFLOT, 20

# PRINCIPAUTÉ DE MONACO

## DROIT COMMERCIAL

# Introduction.

Depuis qu'après avoir été incorporée pendant vingt et un ans à la France, la principauté de Monaco a recouvré son autonomie en vertu du traité de Paris du 30 mai 1814, son droit commercial n'a cessé d'avoir pour base principale le Code de Commerce français de 1807.

Ce code a même été tout d'abord adopté in globo par le législateur monégasque et déclaré obligatoire en sa forme et teneur par une ordonnance du prince Honoré Grimaldi, chargé par son père Honoré IV de l'administration de la principauté (1er avril 1815).

Trois années plus tard, soit exactement le 12 janvier 1818, après un travail de révision confié par le même prince à une commission de jurisconsultes, une nouvelle promulgation eut lieu. Mais, sauf la suppression du livre IV du Code français, relatif à la Juridiction commerciale, le texte définitivement adopté ne différait de son modèle que par des détails sans importance; et il demeura en vigueur tel quel pendant plus d'un demi siècle.

Cependant, sous l'influence de besoins nouveaux, nés du développement du commerce et de l'évolution économique, la France avait été amenée à modifier et à compléter d'une façon notable l'oeuvre du législateur de 1807. La principauté de Monaco, qui participait au mouvement général, ne pouvait manquer de sentir à son tour que cette œuvre ne répondait plus d'une façon satisfaisante aux exigences de la vie commerciale transformée. Mais, habituée à suivre l'exemple de sa grande voisine, elle ne crut pouvoir mieux faire que de s'approprier purement et simplement ses principales innovations. Et c'est ainsi que le Code actuel, promulgué par le prince Charles III, le 5 novembre 1877, pour entrer en vigueur le 1er janvier 1878, est demeuré presque en entier la copie littérale du Code français de 1807, avec les changements apportés à celui-ci par les lois subséquentes. Toutefois le nombre même de ses articles, inférieur de 67 à celui des articles du Code français, suffit à indiquer qu'il existe entre eux un certain nombre de différences. Mais, de même que pour le Code de 1818, hormis l'absence dans le Code monégasque du quatrième livre du Code français et sauf une autre exception en matière de sociétés, ces différences ne portent que sur des points d'ordre secondaire.

C'est ce qui va ressortir d'une comparaison rapide de ces deux corps de lois.

I. Les trois livres du Code monégasque portent respectivement les mêmes rubriques que les trois premiers livres du Code français et ont généralement les mêmes subdivisions.

Le livre I, consacré au «Commerce en général», comprend huit titres, qui traitent successivement: 1° des commerçants; 2° des livres de commerce; 3° des séparations de biens; 4° des sociétés; 5° du gage et des commissionnaires; 6° des transports par terre et par eau; 7° des moyens de preuve en matière commerciale; 8° de la lettre de change, du billet à ordre et de la prescription.

Les deux premiers titres sont la reproduction textuelle des titres correspondants du Code français, avec seulement deux dispositions en plus, celles des articles 2 et 3, dans lesquels le législateur monégasque a donné fort à propos l'énumération des actes de commerce, moins heureusement reléguée par le législateur français dans les articles 632 et 633.

Par contre, les rédacteurs du Code monégasque ont interverti l'ordre dans lequel les matières des deux titres suivants figurent dans le Code français, sans qu'on puisse s'expliquer le motif de ce changement dépourvu d'intérêt. Du reste, quant au fond, les dispositions relatives aux «Séparations de biens» sont identiques dans les deux codes.

Pour ce qui concerne les «Sociétés», les règles du Code Monégasque présentent plusieurs différences avec celles du Code de 1807; mais la plupart d'entre elles proviennent de modifications apportées à celui-ci par les lois françaises elles-mêmes et que le législateur monégasque de 1877 s'est simplement appropriées. C'est ainsi notamment que les articles 34 et 35 du Code de Commerce, qui interdisent à l'associé commanditaire tout acte de gestion et déterminent sa responsabilité dans le cas où il contreviendrait à cette prohibition, reproduisent, non pas les textes du Code de 1807 relatifs à cet objet, mais bien ceux que leur a substitués la loi du

6 mai 1863. C'est ainsi encore que l'on ne retrouve pas dans le Code de la principauté les dispositions du Code français qui organisaient l'arbitrage forcé pour les contestations entre associés, dispositions abrogées par la loi des 17/23 juillet 1856. En cette matière, comme en toute autre, les parties maitresses de leurs droits sont libres de soumettre leurs contestations à des arbitres, en suivant les règles tracées par le Code de procédure civile (art. 940 à 965). Mais, en dehors d'un accord spécial entre elles, leurs différends doivent être portés sans aucune distinction devant les tribunaux institués pour les juger.

Toutefois, à côté des emprunts faits à la législation française, on remarquera dans le titre IV quelques dispositions propres au Code Monégasque. La plus importante est celle de l'article 45, aux termes duquel la société en commandite par actions ne peut, non plus que la société anonyme (art. 44), se former qu'avec l'autorisation du Prince et son approbation pour l'acte qui la constitue; tandis que, d'après le Code de 1807, la nécessité de l'autorisation préalable du gouvernement n'existait que pour la société anonyme, et l'on sait même qu'elle a été supprimée en France, pour cette dernière, par la loi des 24/29 juillet 1867. A Monaco, au contraire, elle a été formellement maintenue pour l'une et pour l'autre par les ordonnances du 5 mars 1895 et du 17 septembre 1907, qui, à l'instar de la loi précitée, ont organisé pour toutes les sociétés par actions une réglementation beaucoup plus complète que celle résultant des quelques articles du Code sur la matière. Mais la dernière de ces lois a notablement diminué la garantie résultant de l'autorisation, en se bornant à demander au Conseil d'État, sur l'avis duquel celle-ci est accordée, d'examiner si les statuts sont conformes à la loi et à l'ordre public

Par contre, les deux ordonnances précitées, qui sont fondues en un seul texte, ont édicté tout un ensemble d'autres prescriptions destinées à protéger tant les associés que les tiers contre les abus et les fraudes si faciles dans ces sortes de sociétés. Telles les conditions d'authenticité et de publicité requises pour l'acte constitutif (art. 3, 5 et 6), la nécessité de la souscription totale du capital social et du versement en espèces du quart de chaque action avant la constitution de la société (art. 3), la prohibition jusqu'à cet acte de négocier, soit les actions, soit les coupons d'actions, et d'émettre des titres au porteur (arts. 7 et 8); l'obligation de faire vérifier et approuver par une assemblée générale spéciale les apports en nature, les avantages particuliers stipulés au profit d'un associé et la création de parts de fondateur (art. 4). Telles encore les règles relatives au choix et à la gestion des administrateurs et gérants (art. 10 et 24); les dispositions concernant la convocation des assemblées générales, le droit de vote, la validité des délibérations (art. 11 à 18). Telles enfin les sanctions pénales dont sont frappées certaines infractions aux règles nouvelles (art. 29 à 31).

Il peut être bon d'ajouter, avant d'en finir avec cette matière importante, qu'il n'existe dans le droit monégasque aucun texte relatif aux sociétés étrangères. D'où la question de savoir si l'autorisation du Prince leur est nécessaire comme aux sociétés monégasques. Dans la pratique, on ne l'exige pas en général et on ne leur conteste pas l'existence légale, quand elles justifient être reconnues dans le pays dont elles relèvent. Mais, soumises comme les individus aux lois de police et de sureté, elles ne peuvent, à raison même de leur extranéité et en vertu d'une ordonnance du 6 juin 1867 sur la police générale (art. 11), faire aucune opération dans la principauté sans une autorisation du gouvernement, ce qui donne à celui-ci le moyen d'écarter celles qui ne lui semblent pas présenter les garanties désirables.

Après s'être occupé des sociétés, le Code de Monaco traite dans le titre V «du Gage et des commissionnaires» et dans le titre suivant «des Transports par terre et par eau». Mais on peut se rendre compte d'un coup d'œil que ces deux titres sont tout uniment formés des dispositions qui, dans le Code français, composent les quatre sections du titre VI, modifié par la loi des 23—29 mai 1863. Si l'on trouve dans le titre sixième du Code monégasque quelques articles de moins que dans les sections correspondantes du Code français, c'est là une différence de pure forme et qui tient simplement à ce que le premier énonce en termes généraux, applicables à «toutes personnes se livrant à l'industrie des transports», des règles que le second formule séparément, d'abord pour les commissionnaires de transports et ensuite pour les voituriers.

Quant aux «bourses de commerce, agents de change et courtiers», qui font l'objet du titre V du Code français, il n'en est pas question dans le Code monégasque parce qu'il n'existe dans la principauté, ni bourses, ni agents de change, et qu'en 1877 le législateur de la Principauté n'avait pas encore jugé utile d'instituer des courtiers revêtus d'un caractère officiel. Mais une ordonnance du 6 juin 1910 a créé des courtiers maritimes assermentés. Ces intermédiaires, véritables officiers publics, nommés par le Prince, ont qualité pour «établir tous les actes ayant trait à la navigation qui ne sont pas du ressort exclusif des notaires», et ont, quant au reste, les mêmes attributions que les courtiers interprètes et conducteurs de navires en France, avec cette différence, toutefois, que la loi ne leur donne pas expressément le monopole, que l'article 80 du Code de Commerce français réserve de la façon la plus catégorique à ceux dont il s'occupe.

Le titre VII du Code monégasque a pour rubrique: «Des moyens de preuve en matière commerciale». Mais la disposition unique qu'il contient est, quant au fond, absolument semblable à celle qui figure dans le titre du Code français intitulé «Des achats et ventes». L'une et l'autre indiquent les diverses manières dont peuvent être constatés les contrats commerciaux. Toutefois la formule employée par le législateur de la Principauté a sur celle du Code de 1807 l'avantage d'exprimer la règle avec toute la généralité qu'elle comporte réellement.

Enfin dans le titre VIII du Livre I<sup>er</sup>, les deux Codes traitent également «de la Lettre de change, du Billet à ordre et de la Prescription»; et l'on ne peut relever entre eux, à ce sujet, qu'une seule différence digne d'être signalée. C'est à savoir que l'article 75 du Code monégasque n'exige pas, comme le faisait le Code de 1807, que la lettre de change soit tirée d'un lieu sur un autre. D'ailleurs cette différence même a disparu depuis la loi française des 7/8 juin 1894, qui, suivant l'exemple de la plupart des législations récentes, a supprimé l'obligation de la remise de place en place.

II. Le livre II a pour objet le «Commerce maritime».

Il contient dans le Code monégasque un titre de plus que dans le Code français, titre consacré au contrat de transport des passagers par mer. Mais, en dehors de cette addition, sur laquelle nous reviendrons tout-à-l'heure, il est identique dans les deux codes, soit quant à l'ordonnance des matières, soit quant aux dispositions, dont il se compose. Il en est ainsi du moins si l'on prend le Code français dans l'état ou il se trouvait en 1877; ce qui revient à dire, comme nous l'indiquions en commençant, qu'ici, de même que pour le livre premier et d'une façon plus marquée encore, le législateur de Monaco s'est borné à copier le Code de 1807 avec les modifications qu'il avait subies en France au moment où il l'adoptait.

Ces modifications, d'ailleurs en très petit nombre, ont été opérées par les lois du 4 juin 1841, du 4 juin 1854 et du 3 mai 1863. On trouvera les textes ainsi substitués aux dispositions primitives dans les articles 179 et 261, 348, 344 et 346 du Code monégasque.

Toutefois, pour être absolument précis, nous devons noter que le législateur monégasque ne s'est pas approprié les innovations introduites par la loi française du 10 décembre 1874, qui a rendu les navires susceptibles d'hypothèque, et qu'il n'a admis aucun des changements apportés par cette loi aux articles 191 et 192 du Code de 1807 (art. 154 et 155 C. mon.) concernant les privilèges attachés à certaines dettes.

Par contre il a adopté presque en entier, bien avant les Chambres françaises elles-mêmes, un projet présenté à l'assemblée nationale dès le 5 janvier 1875 et devenu, après neuf années de discussions, la loi des 12/14 août 1885. Ce projet a eu pour but: d'étendre pour les propriétaires de navires le droit de se décharger de toute responsabilité relativement aux faits et aux engagements du capitaine par l'abandon du navire et du fret; d'améliorer en cas de prise, naufrage ou déclaration d'innavigabilité, la situation du matelot au point de vue de ses loyers et celle le l'armateur au point de vue du repatriement des gens d'équipage; de limiter les obligations de l'armateur au cas de maladie ou de blessure du matelot; enfin d'élargir la base des contrats d'assurance et des emprunts à la grosse. Toutes ces réformes ont été consacrées par les articles 179, 221, 222, 225, 228, 286, 305 et 318 du Code de Monaco et par la non insertion dans ce Code de trois articles du Code de 1807 (art. 295, 318 et 386), dont elles ont entraîné l'abrogation en France.

Quant au titre «des Passagers», dont l'absence dans le Code français constitue une véritable lacune, il forme comme le complément du titre VIII sur le Fret ou nolis, qu'il suit immédiatement. Le législateur monégasque de 1877, considérant à juste titre le contrat de transport des personnes par mer comme un contrat *sui*

*generis*, distinct le l'affrétement, a jugé nécessaire d'édicter à son égard des règles
particulières. Mais il n'a réglementé que le transport des passagers «à bord de navires
à voiles» (art. 274). Pour celui qui serait effectué «par navires à vapeur», il s'est
borné (art. 281) à le déclarer «régi par les lois ou des règlements spéciaux»; et comme
il n'existe dans le droit de la Principauté aucun texte sur cette matière, il s'ensuit
que les rapports juridiques entre armateurs de navires à vapeur et passagers seraient
abandonnés, le cas échéant, à la convention des parties. Cette diversité entre les
deux modes de transport, assez difficile à justifier et même à expliquer pour notre
époque, a été puisée dans l'ancien Code de commerce italien de 1865. Mais,
tandis que le nouveau Code, promulgué en Italie le 2 avril 1882, l'a fait disparaître,
elle est restée dans celui de la principauté, qui n'a subi aucune retouche depuis sa
promulgation. Du reste, l'emprunt fait pour ce dernier au Code italien ne s'est
pas limité aux deux dispositions précitées. Il s'est étendu à tout le chapitre consacré à cette matière, si bien que les articles 274 à 281 du Code monégasque ne
sont que la traduction des textes italiens correspondants. — (V. Code de 1882,
art. 581 à 588.)

III. Le livre III s'occupe «des Faillites et Banqueroutes». En France, les règles
établies pour cette matière par les rédacteurs du Code de 1807 avaient soulevé de
vives critiques et des réclamations nombreuses, tant à raison de leur sévérité exces-
sive qu'à cause des formalités longues et compliquées qu'elles avaient organisées.
Aussi ont-elles été l'objet d'une révision totale, opérée par la loi du 28 mai 1838,
dont les articles ont pris la place des textes primitifs. Le législateur monégasque
ne pouvait manquer de mettre à profit les progrès réalisés par cette loi, et il l'a
fait de la façon la plus simple et la plus complète en la reproduisant tout entière.
Il n'en a laissé de côté que 5 dispositions: celles des articles 450 et 550, auxquelles
il a préféré les prescriptions introduites par la loi française du 12 février 1872, concernant la résiliation du bail consenti au failli et le privilége du bailleur; et celles
des articles 609, 611 et 614, concernant la réhabilitation, lesquelles étaient inappli-
cables ou inutiles dans la Principauté. Ajoutons, pour être tout-à-fait complet,
qu'il a emprunté à la loi du 17 juillet 1856 le concordat par abandon d'actif (C. fr.
art. 541 modif.; C. mon. art. 512). Ainsi l'on peut dire sans hésiter qu'il n'existe,
quant au régime de la faillite, aucune différence entre le Code de la principauté
et le Code français.

Mais, en France, une loi du 4 Mars 1889 a organisé, à côté de la faillite, un
régime sensiblement moins rigoureux pour le commerçant en état de cessation de
paiements, régime qualifié, assez improprement d'ailleurs, de «liquidation judiciaire». Cette institution, il importe de le constater, n'a pas été jusqu'ici introduite
dans la Principauté. Toutefois le but que se sont proposé ses auteurs y est fréquem-
ment atteint, dans la pratique, par des accords ou concordats amiables intervenant
avant toute déclaration de faillite.

IV. Le Code monégasque, nous l'avons dit dès le début de cette introduction,
se termine avec le livre III. Il ne reproduit aucune des dispositions relatives à
la «Juridiction commerciale», qui, dans le Code français forment l'objet d'un quatrième livre. Cela tient à ce qu'il n'existe pas dans la Principauté de juridiction
spéciale pour les affaires de commerce, qui sont jugées par les mêmes tribunaux
que les affaires civiles. Sous ce rapport, le Code de procédure civile du 5 septembre
1896 et la nouvelle ordonnance sur l'Organisation judiciaire du 8 mai 1909, qui a
créé une cour d'appel à Monaco, n'ont apporté comme modification à la législation
existant en 1877.

Le juge de paix est compétent, en principe, en matière commerciale comme
en matière civile, sans appel, jusqu'à la valeur de 100 francs et à charge d'appel
jusqu'à la valeur de 300 francs (Code procédure civile, art. 6). — Le tribunal de
première instance connaît en premier ressort de toutes les actions commerciales
non réservées au juge de paix, et, en appel, des jugements rendus en premier ressort
par ce magistrat, ainsi que des sentences arbitrales (*ibid.* art. 21, 22 et O. précit.
de 1896, art. 8). — Sauf de rares exceptions, tous les jugements contradictoires rendus
par le tribunal de première instance sont sujets à l'appel, sans aucune limitation
à raison du chiffre du litige. Mais les jugements par défaut ne sont pas susceptibles
d'appel de la part du défaillant (O. sur l'appel du 21 mai 1909, art. 1 et 2). L'appel est
porté devant la Cour instituée à cet effet (O. précit. du 18 mai 1909, art. 15). —
Enfin les pourvois en révision (cassation) formés contre les jugements du juge de
paix pour excès de pouvoir et contre les arrêts de la cour d'appel pour toute violation

de la loi, sont portés devant le Prince qui statue souverainement, sur le rapport de son Conseil de révision (*ibid.* art. 23 et 439). Notons à ce sujet que, lorsque le Prince annule la décision attaquée, il statue sur le fond même du litige, à moins qu'il ne s'agisse d'un jugement par lequel la cour d'appel se serait mal à propos déclarée incompétente, auquel cas il renvoie l'affaire devant cette cour (art. 456).

V. Quant à la procédure en matière commerciale, à laquelle le législateur français a consacré les derniers articles du Code de commerce et un titre tout entier (tit. XXV, liv. II) du Code de procédure civile, elle n'est plus soumise, dans la législation monégasque, à aucune forme particulière, depuis la promulgation du Code précité de 1896. Les formes de la procédure ordinaire y sont si simples et si rapides que c'eut été une complication aussi inutile que gênante d'en adopter d'autres pour les litiges commerciaux.

Voici en effet, indiquée à grands traits, la marche normale d'un procès devant la juridiction de droit commun, c'est-à-dire devant le tribunal de première instance.

Les causes sont introduites devant ce tribunal par un exploit d'assignation, signifié par huissier à personne ou à domicile, et, à défaut de domicile connu, à la résidence (C. proc. civ. art. 148, 156). — L'exploit indique, outre le tribunal qui doit statuer, le jour et l'heure de la comparution avec l'exposé sommaire des moyens. — Pour les personnes qui n'habitent pas la Principauté, la copie de l'assignation est remise au procureur général, qui l'envoie aux autorités compétentes du pays où elles résident, soit par la voie diplomatique, soit directement. Lorsque le destinataire n'a ni domicile ni résidence connus, la copie reste au parquet (*ibid.* art. 150, 151).

Le délai ordinaire des assignations est de 6 jours francs. Il est augmenté lorsque la personne assignée demeure hors de la Principauté. Ainsi il est de 10 jours, pour celles qui demeurent dans le département français voisin (Alpes-Maritimes); de 30 jours, pour celles qui demeurent dans la reste de la France continentale, en Italie, en Suisse; de 60 jours, pour celles qui demeurent dans les autres États de l'Europe (art. 157, 158).

Un jour franc avant celui fixé pour la comparution, le demandeur, ou, à son défaut, le défendeur, requiert au greffe l'inscription de la cause au rôle. L'affaire est appelée à l'audience suivant l'ordre de cette inscription. Si elle est en état et si les affaires inscrites avant elle le permettent, elle est plaidée le jour même. Sinon, elle est renvoyée à un autre jour (art. 163, 173).

Les parties ont, en principe, le droit de comparaître en personne, de prendre et de développer elles mêmes leurs conclusions (art. 170, 182). Mais, si le tribunal estime que l'instruction de la cause l'exige ou qu'elles sont incapables de plaider convenablement, il peut prescrire le dépôt de «conclusions motivées» et la constitution d'un avocat-défenseur (avoué-avocat) (art. 177, 179). Dans la pratique, on a toujours recours au ministère des avocats-défenseurs, sauf pour les affaires extrêmement simples, telles que les demandes en paiement de traites acceptées et protestées. — Les avocats-défenseurs sont tenus de se communiquer réciproquement, avant l'audience, des conclusions sur «papier libre» (non timbré) et les pièces dont ils entendent faire usage.

Après les plaidoiries, le ministère public peut donner ses conclusions dans toutes les causes où il le juge convenable. Il est tenu de le faire dans certains cas, notamment dans les causes concernant les incapables et les faillites (art. 184).

Le tribunal, après l'avoir entendu, statue séance tenante, s'il le peut, ou remet son jugement à une audience très proche, le plus souvent à huitaine.

Telle est la procédure, lorsque toutes les parties comparaissent et que la cause ne comporte aucune mesure d'instruction.

Si le défendeur ne comparaît pas, le tribunal peut, suivant les cas, ordonner sa réassignation ou juger «par défaut», sauf à n'adjuger au demandeur ses conclusions que si elles paraissent justes et bien établies. — Le défendeur peut «former opposition» au jugement par défaut rendu contre lui. — L'opposition doit être notifiée, à peine de nullité, dans la huitaine de la signification du jugement, lorsque la signification a été faite à la personne du défaillant. En tout autre cas, elle est recevable tant que le défaillant n'a pas exécuté le jugement ou n'a pas eu connaissance de l'exécution. — Elle est formée par exploit portant assignation dans les délais ordinaires. — Elle suspend, en général, l'exécution et remet les choses en l'état où elles étaient avant le défaut (art. 208 à 230).

S'il est nécessaire pour éclairer le tribunal de recourir à une ou plusieurs mesures d'instruction, telles qu'une enquête, une expertise, un interrogatoire des parties, etc., il y est procédé dans des formes aussi peu compliquées que possible. Ainsi l'interrogatoire des parties a lieu à l'audience même (art. 365 et suiv.). — Les enquêtes se font devant le tribunal entier, en chambre du conseil (art. 311).

Notons encore que toute personne ayant intérêt dans une instance engagée entre d'autres personnes peut y intervenir par de simples conclusions prises à l'audience (art. 383, 384).

La même procédure est suivie devant la cour d'appel, sauf que les parties sont tenues de s'y faire représenter par des avocats-défenseurs et que ceux-ci doivent, en principe, se notifier réciproquement des conclusions dans des délais préfix (O. précit. sur l'Appel, art. 15, 18 et suiv.).

L'appel principal est formé par un exploit d'assignation, signifié comme l'exploit introductif d'instance devant le tribunal. — Il ne peut être interjeté, ni avant les 3 jours qui suivent celui de la prononciation du jugement, à moins que l'exécution provisoire n'ait été ordonnée, ni après les 30 jours qui suivent la signification pour les personnes domiciliées dans la Principauté. Les personnes domiciliées à l'étranger bénéficient d'une augmentation de délai déterminée par l'article 158 du Code de procédure civile. — L'appel incident peut être interjeté en tout état de cause et par de simples conclusions prises à l'audience (*ibid.* art. 5 à 9 et 21).

Devant le juge de paix, la procédure est encore plus simple et plus expéditive que devant le tribunal de première instance. Signalons notamment que, pour les demandes d'une valeur inférieure à 50 francs, l'assignation se fait par simple billet, rédigé par le greffier et expédié par la poste, sans intervention de l'huissier.

En règle générale, l'introduction des causes devant le juge de paix doit être précédée d'une «tentative de conciliation» opérée par ce magistrat. Mais les demandes en matière commerciale sont dispensées de ce préliminaire (art. 25), à moins qu'il ne s'agisse de causes entre époux, ou entre ascendants et descendants. En pareils cas, la tentative de conciliation est exigée même pour les causes de la compétence du tribunal et a lieu devant le président (art. 36).

Indiquons enfin, pour terminer ces notions sommaires sur la procédure, que, dans les cas urgents, lorsqu'il ne s'agit que d'obtenir des mesures provisoires et n'engageant pas «le principal», on peut s'adresser en «référé» au président du tribunal de première instance. Le délai ordinaire pour la citation est alors d'un jour franc pour les personnes domiciliées dans la Principauté. Mais le président peut, s'il y a extrême urgence, la permettre même d'heure à heure (art. 414 à 421).

VI. Le Code de Commerce, modifié et complété, comme nous l'avons vu, en matière de *sociétés par actions*, par l'ordonnance du 5 mars 1898, constitue l'unique source du droit commercial de la principauté. Mais on peut y rattacher deux ordonnances qui ont avec lui quelques points de contact. Nous voulons parler de l'ordonnance du 7 mars 1878 sur les Consulats et de celle du 22 janvier 1891 sur la discipline maritime.

Le Code de commerce confère aux *consuls* un certain nombre d'attributions. Tel le pouvoir d'autoriser le capitaine d'un navire, en cas d'innavigabilité de celui-ci, soit à emprunter à la grosse sur le vaisseau, soit à mettre en gage ou vendre les marchandises (art. 197); telle encore la mission de désigner les experts chargés de dresser le règlement des avaries communes et d'homologuer ce règlement (art. 386 et 387). Mais l'ordonnance de 1878 leur donne, en outre, un droit général de police et de surveillance sur les navires de commerce portant le pavillon monégasque. Elle les charge notamment de veiller à ce que ce pavillon ne soit pas arboré indûment; de viser et délivrer, le cas échéant, les papiers de bord et les patentes de santé; de certifier l'origine et l'expédition des produits assujettis aux droits de douane (art. 4 et 5). Enfin elle leur reconnaît qualité pour conférer l'authenticité à tous les actes et contrats passés entre Monégasques avec l'assistance de deux témoins (art. 11).

Quant à l'ordonnance sur la *Discipline maritime*, elle reproduit en grande partie le décret français du 24 juin 1852, pour ce qui concerne la discipline des gens de mer et des passagers et les pénalités applicables aux délits maritimes, matières dont nous n'avons pas à nous occuper ici. Mais elle contient de plus, dans son premier chapitre, diverses prescriptions sur la «Police de la navigation», qui forment comme le complément de celles du livre II du Code de commerce. Les principales consistent à exiger l'autorisation du gouverneur général[1], soit pour mettre une embarcation à la mer dans le port de Monaco ou sur la côte de la Principauté, soit pour prendre le pavillon monégasque, soit pour exercer le commandement d'un navire, même en second; à déterminer le personnel que doivent comprendre les équipages des navires armés au long cours ou au cabotage; enfin à définir les obligations du capitaine, tant envers les agents consulaires de la principauté à l'étranger qu'envers le capitaine du port à Monaco.

## Bibliographie.

Il n'existe point de publication spéciale en matière de droit commercial monégasque.

# Code de Commerce

du 5 Novembre 1877.

## Livre premier. Du commerce en général.

### Titre premier. Des commerçants.

Art. 1. Sont commerçants ceux qui exercent des actes de commerce, et en font leur profession habituelle.

2. La loi répute actes de commerce: Tout achat de denrées et marchandises pour les revendre, soit en nature, soit aprés les avois travaillées et mises en œuvre, ou même pour en louer simplement l'usage; — Toute entreprise de manufactures, de commission, de transport par terre ou par eau; — Toute entreprise de fournitures, d'agences, bureaux d'affaires, établissements de ventes à l'encan, de spectacles publics; — Toute opération de change, banque et courtage; — Toute entreprise de construction terrestre si l'entrepreneur fournit les matériaux; — Toutes les opérations de banques publiques; — Toutes obligations entre négociants, marchands et banquiers; — Entre toutes personnes, les lettres de change, ou remises d'argent faites de place en place.

3. La loi répute pareillement actes de commerce: Toute entreprise de construction, et tous achats, ventes et reventes de bâtiments pour la navigation; — Toutes expéditions maritimes; — Tout achat ou vente d'agrès, apparaux et ravitaillements; — Tout affrétement ou nolissement, emprunt ou prêt à la grosse; — Toutes assurances et autres contrats concernant le commerce de mer; — Tous accords et conventions pour salaire et loyers d'équipages; — Tous engagements de gens de mer, pour le service des bâtiments de commerce.

4. Tout mineur émancipé de l'un et de l'autre sexe, âgé de dix-huit ans accomplis, qui voudra profiter de la faculté que lui accorde l'art. 382 du Code Civil, de faire le commerce, ne pourra en commencer les opérations, ni être réputé majeur, quant aux engagements par lui contractés pour faits de commerce: 1° S'il n'a été préalablement autorisé par son père; ou par sa mère, en cas de décès, inter-

---

[1] En vertu de la constitution du 5 janvier 1911, toutes les attributions du gouverneur général ont été transmises à un *ministre d'État.* (*V. Lois usuelles* de la Principauté de Monaco, V. II, p. 172).

diction ou absence du père; ou, à défaut du père et de la mère, par une délibération du conseil de famille, homologuée par le tribunal; — 2° Si, en outre, l'acte d'autorisation n'a été enregistré et affiché au tribunal de première instance; — L'autorisation donnée au mineur pourra toujours être révoquée.

**5.** La disposition de l'article précédent est applicable aux mineurs même non commerçants, à l'égard de tous les faits qui sont déclarés faits de commerce par les dispositions des articles 2 et 3 du présent Code.

**6.** La femme ne peut être marchande publique sans le consentement de son mari.

La femme séparée de corps, en cas de refus du mari de donner son consentement, peut s'adresser au tribunal et obtenir, s'il y a lieu, l'autorisation de faire le commerce.

**7.** La femme, si elle est marchande publique, peut, sans l'autorisation de son mari, s'obliger pour ce qui concerne son négoce, et, audit cas, elle oblige aussi son mari s'il y a communauté entre eux.

Elle n'est pas réputée marchande publique, si elle ne fait que détailler les marchandises du commerce de son mari; elle n'est réputée telle que lorsqu'elle fait un commerce séparé.

**8.** Les mineurs marchands, autorisés comme il est dit ci-dessus, peuvent engager et hypothéquer leurs immeubles. Ils peuvent même les aliéner, mais en suivant les formalités prescrites par les articles 325 et suivants du Code Civil.

**9.** Les femmes marchandes publiques peuvent également engager, hypothéquer et aliéner leurs immeubles. Toutefois leurs biens stipulés dotaux, quand elles sont mariées sous le régime dotal, ne peuvent être hypothéqués ni aliénés que dans les cas déterminés et avec les formes réglées par le Code Civil.

## Titre deuxième. Des livres de commerce.

**10.** Tout commerçant est tenu d'avoir un livre-journal qui présente, jour par jour, ses dettes actives et passives, les opérations de son commerce, ses négociations, acceptations ou endossements d'effets, et généralement tout ce qu'il reçoit et paie, à quelque titre que ce soit; et qui énonce, mois par mois, les sommes employées à la dépense de sa maison; le tout indépendamment des autres livres usités dans le commerce, mais qui ne sont pas indispensables.

Il est tenu de mettre en liasse les lettres missives qu'il reçoit, et de copier sur un registre celles qu'il envoie.

**11.** Il est tenu de faire, tous les ans, sous seing-privé, un inventaire de ses effets mobiliers et immobiliers, et de ses dettes actives et passives, et de le copier, année par année, sur un registre spécial à ce destiné.

**12.** Le livre-journal et le livre des inventaires seront paraphés et visés une fois par année.

Le livre de copies de lettres ne sera pas soumis à cette formalité.

Tous seront tenus par ordre de dates, sans blancs, lacunes, ni transports en marge.

**13.** Les livres dont la tenue est ordonnée par les articles 10 et 11 ci-dessus seront cotés, paraphés et visés soit par un des juges du tribunal de première instance, soit par le maire ou son adjoint, dans la forme ordinaire et sans frais.

Les commerçants seront tenus de conserver ces livres pendant dix ans.

**14.** Les livres de commerce, régulièrement tenus, peuvent être admis par le juge pour faire preuve entre commerçants, pour faits de commerce.

**15.** Les livres que les individus faisant le commerce sont obligés de tenir et pour lesquels ils n'auront pas observé les formalités ci-dessus prescrites, ne pourront être représentés ni faire foi en justice, au profit de ceux qui les auront tenus; sans préjudice de ce qui sera réglé au livre des Faillites et Banqueroutes.

**16.** La communication des livres et inventaires ne peut être ordonnée en justice que dans les affaires de succession, communauté, partage de société, et en cas de faillite.

**17.** Dans le cours d'une contestation, la représentation des livres peut être ordonnée par le juge, même d'office, à l'effet d'en extraire ce qui concerne le différend.

**18.** Si la partie aux livres de laquelle on offre d'ajouter foi refuse de les représenter, le juge peut déférer le serment à l'autre partie.

## Titre troisième. Des séparations des biens.

**19.** Toute demande en séparation de biens sera poursuivie, instruite et jugée conformément à ce qui est prescrit au Code de Procédure Civile, Livre III, Titre III[1].

**20.** Tout jugement qui prononcera une séparation de corps entre mari et femme, dont l'un serait commerçant, sera soumis aux formalités prescrites par l'art. 415 du Code de Procédure Civile[2]; à défaut de quoi, les créanciers seront toujours admis à s'y opposer, pour ce qui touche leurs intérêts, et à contredire toute liquidation qui en aurait été la suite.

**21.** Tout contrat de mariage entre époux, dont l'un sera commerçant, sera transmis par extrait, dans le mois de sa date, au greffe général. Cet extrait énoncera si les époux sont mariés en communauté, s'ils sont séparés de biens, ou s'ils ont contracté sous le régime dotal.

**22.** Le notaire qui aura reçu le contrat de mariage sera tenu de faire la remise ordonnée par l'article précédent, sous peine de cent francs d'amende, et même de destitution et de responsabilité envers les créanciers, s'il est prouvé que l'omission soit la suite d'une collusion.

**23.** L'époux séparé de biens, ou marié sous le régime dotal, qui embrasserait la profession de commerçant postérieurement à son mariage, sera tenu de faire pareille remise dans le mois du jour où il aura ouvert son commerce; à défaut de cette remise, il pourra être, en cas de faillite, condamné comme banqueroutier simple.

**24.** La même remise sera faite sous les mêmes peines, dans l'année de la publication de la présente loi, par tout époux séparé de biens, ou marié sous le régime dotal, qui, au moment de ladite publication, exercerait la profession de commerçant.

## Titre quatrième. Des sociétés.

**25.** Le contrat de société se règle par le droit civil, par les lois particulières au commerce et par les conventions des parties.

**26.** La loi reconnaît trois espèces de sociétés commerciales: La société en nom collectif; — La société en commandite; — La société anonyme.

**27.** La société en nom collectif est celle que contractent deux personnes ou un plus grand nombre, et qui a pour objet de faire le commerce sous une raison sociale.

**28.** Les noms des associés peuvent seuls faire partie de la raison sociale.

**29.** Les associés en nom collectif, indiqués dans l'acte de société, sont solidaires pour tous les engagements de la société, encore qu'un seul des associés ait signé, pourvu que ce soit sous la raison sociale.

Si une disposition spéciale de l'acte de société ne permet qu'à un ou plusieurs associés désignés, de signer sous la raison sociale, les signatures seules de ces derniers obligent la société.

**30.** La société en commandite se contracte entre un ou plusieurs associés responsables et solidaires, et un ou plusieurs associés simples bailleurs de fonds, que l'on nomme commanditaires ou associés en commandite.

Elle est régie sous un nom social, qui doit être nécessairement celui d'un ou plusieurs des associés responsables et solidaires.

**31.** Lorsqu'il y a plusieurs associés solidaires et en nom, soit que tous gèrent ensemble, soit qu'un ou plusieurs gèrent pour tous, la société est, à la fois, société en nom collectif à leur égard, et société en commandite à l'égard des simples bailleurs de fonds.

**32.** Le nom d'un associé commanditaire ne peut faire partie de la raison sociale.

**33.** L'associé commanditaire n'est passible des pertes que jusqu'à concurrence des fonds qu'il a mis ou dû mettre dans la société.

Les commanditaires ne peuvent être tenus, en aucun cas, de restituer les sommes qui leur ont été payées à titre d'intérêt, s'il résultait des inventaires annuels, faits de bonne foi, que les bénéfices réalisés étaient suffisants pour autoriser ce paiement.

---

[1]) Dans le C. proc. civ. du 9 sept. 1896 actuellement en vigueur, cette matière est traitée à la 2e partie, Liv. I, Tit. XI. — [2]) Cet article est remplacé par l'art. 832 du Code en vigueur. (Notes de l'auteur de l'Introduction.)

Toutefois, le cas échéant où le capital social aurait été entamé, aucune distribution d'intérêt ne pourrait être faite ultérieurement, avant que le capital social n'eût été rétabli en entier.

**34.** L'associé commanditaire ne peut faire aucun acte de gestion, même en vertu de procuration.

**35.** En cas de contravention à la prohibition mentionnée dans l'article précédent, l'associé commanditaire est obligé solidairement avec les associés en nom collectif, pour les dettes et engagements de la société qui dérivent des actes de gestion qu'il a faits, et il peut, suivant le nombre ou la gravité de ces actes, être déclaré solidairement obligé pour tous les engagements de la société ou pour quelques-uns seulement.

Les avis et conseils, les actes de contrôle et de surveillance, n'engagent point l'associé commanditaire.

**36.**[1] La société anonyme n'existe point sous un nom social: elle n'est désignée par le nom d'aucun des associés.

**37.** Elle est qualifiée par la désignation de l'objet de son entreprise.

**38.**[2] Elle est administrée par des mandataires à temps, révocables, associés ou non associés, salariés ou gratuits.

**39.** Les administrateurs ne sont responsables que de l'exécution du mandat qu'ils ont reçu.

Ils ne contractent, à raison de leur gestion, aucune obligation personnelle ni solidaire relativement aux engagements de la société.

**40.** Les associés ne sont passibles que de la perte du montant de leur intérêt dans la société.

**41.** Le capital de la société anonyme se divise en actions et même en coupons d'action d'une valeur égale.

**42.** L'action peut être établie sous la forme d'un titre au porteur.

Dans ce cas, la cession s'opère par la tradition du titre.

**43.** La propriété des actions peut être établie par une inscription sur les registres de la société.

Dans ce cas, la cession s'opère par une déclaration de transfert inscrite sur les registres, et signée de celui qui fait le transport ou d'un fondé de pouvoir.

**44.** La société anonyme ne peut exister qu'avec l'autorisation du Prince et avec son approbation pour l'acte qui la constitue; cette approbation doit être donnée dans la forme prescrite pour les règlements d'administration publique.

**45.**[3] La société en commandite par actions ne peut exister qu'avec l'autorisation du Prince et en se conformant aux articles 36 à 44 qui précèdent.

**46.** Les sociétés en nom collectif ou en commandite doivent être constatées par des actes publics ou sous signature privée, en se conformant, dans ce dernier cas, à l'article 1172 du Code Civil.

**47.** Les sociétés anonymes ne peuvent être formées que par des actes publics.

**48.** Aucune preuve par témoins ne peut être admise contre et outre le contenu dans les actes de société, ni sur ce qui serait allégué avoir été dit avant l'acte, lors de l'acte ou depuis, encore qu'il s'agisse d'une somme au-dessous de cent cinquante francs.

**49.** L'extrait des actes de société en nom collectif et en commandite doit être remis, dans la quinzaine de leur date, au greffe général, pour être transcrit sur le registre, et affiché pendant trois mois dans la salle des audiences.

Cet extrait sera inséré, en outre, dans le Journal de Monaco, dans les quinze jours de la date.

Il sera justifié de cette insertion par un exemplaire du journal, certifié par l'imprimeur, légalisé par le maire et enregistré dans les trois mois de sa date.

Ces formalités seront observées à peine de nullité à l'égard des intéressés; mais le défaut d'aucune d'elles ne pourra être opposé à des tiers par les associés.

**50.** L'extrait doit contenir: Les noms, prénoms, qualités et demeures des associés autres que les actionnaires ou commanditaires, — La raison de commerce de la société, — La désignation de ceux des associés autorisés à gérer, administrer

---

[1]) Voir, sur les sociétés anonymes, l'Ordonnance souveraine du 5 mars 1895, modifiée par celle du 17 sept. 1907, *infrà* Ordonnances supplémentaires, p. 63. — [2]) Abrogé par l'art. 28 de l'Ordonnance du 5 mars 1895 précitée. — [3]) Voir, sur les sociétés en commandite par actions, l'ordonnance précitée du 5 mars 1895, modifiée par celle du 17 sept. 1907, *infrà*, p. 63, notamment art. 24 et suivants.

et signer pour la société, — Le montant des valeurs fournies ou à fournir par actions ou en commandite, — L'époque où la société doit commencer, et celle où elle doit finir.

51. L'extrait des actes de société est signé: pour les actes publics, par les notaires; pour les actes sous seing-privé, par tous les associés si la société est en nom collectif, et par les associés solidaires ou gérants si la société est en commandite, soit qu'elle se divise ou ne se divise pas en actions.

52. L'ordonnance du Prince qui autorise les sociétés anonymes devra être affichée avec l'acte d'association et pendant le même temps.

53. Toute continuation de société, après son terme expiré, sera constatée par une déclaration des coassociés.

Cette déclaration, et tous actes portant dissolution de société avant le terme fixé pour sa durée par l'acte qui l'établit, tout changement ou retraite d'associés, toutes nouvelles stipulations ou clauses, tout changement à la raison de société, sont soumis aux formalités prescrites par les articles 49, 50 et 51.

En cas d'omission de ces formalités, il y aura lieu à l'application des dispositions pénales de l'article 49, dernier alinéa.

54. Indépendamment des trois espèces de sociétés ci-dessus, la loi reconnaît les associations commerciales en participation.

55. Ces associations sont relatives à une ou plusieurs opérations de commerce; elles ont lieu pour les objets, dans les formes, avec les proportions d'intérêt et aux conditions convenues entre les participants.

56. Les associations en participation peuvent être constatées par la représentation des livres, de la correspondance, ou par la preuve testimoniale, si le tribunal juge qu'elle peut être admise.

57. Les associations commerciales en participation ne sont pas sujettes aux formalités prescrites pour les autres sociétés.

58. Toutes actions contre les associés, liquidateurs ou non liquidateurs, dérivant de leur qualité d'associés, leurs veuves, héritiers ou ayants-cause, sont prescrites cinq ans après la fin ou la dissolution de la société, si l'acte de société qui en énonce la durée, ou l'acte de dissolution a été affiché ou enregistré conformément aux articles 49, 50 et 51, et si depuis cette formalité remplie, la prescription n'a été interrompue à leur égard par aucune poursuite judiciaire.

Toutes actions contre le liquidateur associé ou non associé dérivant du mandat qui lui a été donné, sont soumises à la prescription ordinaire.

## Titre cinquième. Du gage et des commissionnaires.

### Section première. Du gage.

59. Le gage constitué, soit par un commerçant, soit par un individu non commerçant, pour un acte de commerce, se constate, à l'égard des tiers comme à l'égard des parties contractantes, conformément aux dispositions de l'art. 74 du Code de Commerce.

Le gage, à l'égard des valeurs négociables, peut aussi être établi par un endossement régulier, indiquant que les valeurs ont été remises en garantie.

A l'égard des actions, des parts d'intérêt et des obligations nominatives des sociétés financières, industrielles, commerciales ou civiles, dont la transmission s'opère par un transfert sur les registres de la société, le gage peut également être établi par un transfert à titre de garantie inscrit sur lesdits registres.

Il n'est pas dérogé aux dispositions de l'article 1911 du Code Civil[1], en ce qui concerne les créances mobilières, dont le cessionnaire ne peut être saisi à l'égard des tiers que par la signification du transport faite au débiteur.

Les effets de commerce donnés en gage sont recouvrables par le créancier gagiste.

60. Dans tous les cas, le privilège ne subsiste sur le gage qu'autant que ce gage a été mis et est resté en la possession du créancier ou d'un tiers convenu entre les parties.

Le créancier est réputé avoir les marchandises en sa possession, lorsqu'elles sont à sa disposition dans ses magasins ou navires, à la douane ou dans un dépôt

---

[1] «Le privilége énoncé en l'article précédent ne s'établit sur les meubles incorporels tels que les créances mobilières, que par acte public ou sous seing privé aussi enregistré et signifié au débiteur de la créance donnée en gage».

public, ou si, avant qu'elles soient arrivées, il en est saisi par un connaissement ou par une lettre de voiture.

**61.** A défaut de paiement à l'échéance, le créancier peut, huit jours après une simple signification faite au débiteur et au tiers bailleur de gage, s'il y en a un, faire procéder à la vente publique des objets donnés en gage.

Toute clause qui autoriserait le créancier à s'approprier le gage ou à en disposer sans les formalités ci-dessus prescrites est nulle.

## Section II. Des commissionnaires.

**62.** Le commissionnaire est celui qui agit en son propre nom ou sous un nom social pour le compte d'un commettant. Les devoirs et les droits du commissionnaire qui agit au nom d'un commettant sont déterminés par le Code Civil.

**63.** Tout commissionnaire a privilége sur la valeur des marchandises à lui expédiées, déposées ou consignées par le fait seul de l'expédition, du dépôt ou de la consignation, pour tous les prêts, avances ou paiements faits par lui, soit avant la réception des marchandises, soit pendant le temps qu'elles sont en sa possession.

Ce privilège ne subsiste que sous la condition prescrite par l'article 60 qui précède.

Dans la créance privilégiée du commissionnaire sont compris, avec le principal, les intérêts, commissions et frais.

Si les marchandises ont été vendues et livrées pour le compte du commettant, le commissionnaire se rembourse, sur le produit de la vente, du montant de sa créance par préférence aux créanciers du commettant.

## Titre sixième. Des transport par terre et par eau.

**64.** Toutes personnes se livrant à l'industrie des transports, commissionnaire ou entrepreneur de roulage, voiturier, maître de bateaux, entrepreneur de diligences ou de voitures publiques, compagnies de chemins de fer (sans préjudice, pour celles-ci, des règles spéciales qu'ont établies les lois qui les concernent), sont tenues d'inscrire sur un livre spécial la déclaration de la nature et de la quantité des marchandises, et, si elles en sont requises, de leur valeur. Elles doivent également délivrer une lettre de voiture contenant les indications énumérées dans l'article 70 ci-après.

**65.** Elles sont garantes de l'arrivée des marchandises et effets dans le délai déterminé par la lettre de voiture, hors les cas de la force majeure légalement constatée.

**66.** Elles sont garantes des avaries ou pertes de marchandises et effets, s'il n'y a stipulation contraire dans la lettre de voiture, ou force majeure.

**67.** Elles sont garantes des faits de l'intermédiaire auquel elles adressent les marchandises.

**68.** La marchandise sortie du magasin du vendeur ou de l'expéditeur voyage, s'il n'y a convention contraire, aux risques et périls de celui à qui elle appartient, sauf son recours contre le commissionnaire et le voiturier chargés du transport.

**69.** La lettre de voiture forme un contrat entre l'expéditeur le voiturier, ou entre l'expéditeur, le commissionnaire et le voiturier.

**70.** La lettre de voiture doit être datée. Elle doit exprimer: La nature et le poids ou la contenance des objets à transporter; — Le délai dans lequel le transport doit être effectué. — Elle indique: Le nom et le domicile du commissionnaire, par l'entremise duquel le transport s'opère, s'il y en a un; — Le nom de celui à qui la marchandise est adressée; — Le nom et le domicile du voiturier. — Elle énonce: Le prix de la voiture; — L'indemnité due pour cause de retard. — Elle est signée par l'expéditeur ou le commissionnaire. — Elle présente en marge les marques et numéros des objets à transporter.

La lettre de voiture est copiée sur un registre coté et paraphé, sans intervalle et de suite.

**71.**[1] La réception des objets transportés et le paiement du prix de la voiture éteignent toute action contre toute personne chargée du transport.

**72.**[1] En cas de refus ou contestation pour la réception des objets transportés, leur état est vérifié et constaté par des experts nommés par le président du tribunal ou, à son défaut, par le juge de paix, et par ordonnance au pied d'une requête.

---

[1] Modifié par une Ordonnance souveraine du 6 juin 1906, qui reproduit presque textuellement la loi française du 11 avril 1888.

Le dépôt ou séquestre, et ensuite le transport dans un dépôt public, peut en être ordonné.

La vente peut en être ordonnée en faveur de toute personne chargée du transport, jusqu'à concurrence du prix de la voiture.

73.[1] Toutes actions à raison de la perte ou de l'avarie des marchandises, sont prescrites après six mois pour les expéditions faites dans l'intérieur de la Principauté, la France et l'Italie, après un an pour celles qui sont faites dans tout autre pays; le tout à compter, pour les cas de perte, du jour où le transport des marchandises aurait dû être effectué, et pour le cas d'avarie, du jour où la remise des marchandises aura été faite; sans préjudice des cas de fraude ou d'infidélité.

## Titre septième. Des moyens de preuve en matière commerciale.

74. Les contrats commerciaux, à l'exception des cas où la loi exige la rédaction d'un écrit, se constatent: Par actes publics; — Par actes sous signature privée; — Par le bordereau ou arrêté d'un agent de change ou courtier, dûment signé par les parties; — Par une facture acceptée; — Par la correspondance; — Par les livres des parties; — Par la preuve testimoniale dans le cas où le tribunal croira devoir l'admettre.

## Titre huitième. De la lettre de change, du billet a ordre et de la prescription.

### Section première. De la lettre de change.

#### § 1° *De la forme de la lettre de change.*

75. La lettre de change est datée. — Elle énonce la somme à payer, le nom de celui qui doit payer, l'époque et le lieu où le paiement doit s'effectuer, la valeur fournie en espèces, en marchandises, en compte, ou de toute autre manière. — Elle est à l'ordre d'un tiers, ou à l'ordre du tireur lui-même. — Si elle est par 1re, 2e, 3e, 4e, etc., elle l'exprime.

76. Sont réputées simples promesses toutes lettres de change contenant supposition soit de nom, soit de qualité, soit de domicile.

77. La signature des femmes et des filles non négociantes ou marchandes publiques sur lettres de change ne vaut, à leur égard, que comme simple promesse.

78. Les lettres de change souscrites par des mineurs non négociants sont nulles à leur égard, sauf les droits respectifs des parties conformément à l'article 1119 du Code Civil.

#### § 2° *De la provision.*

79. La provision doit être faite par le tireur, ou par celui pour le compte de qui la lettre de change sera tirée, sans que le tireur pour compte d'autrui cesse d'être personnellement obligé envers les endosseurs et le porteur seulement.

80. Il y a provision, si, à l'échéance de la lettre de change, celui sur qui elle est fournie est redevable au tireur, ou à celui pour compte de qui elle est tirée, d'une somme au moins égale au montant de la lettre de change.

81. L'acceptation suppose la provision.

Elle en établit la preuve à l'égard des endosseurs.

Soit qu'il y ait ou non acceptation, le tireur seul est tenu de prouver, en cas de dénégation que ceux sur qui la lettre était tirée avaient provision à l'échéance: sinon il est tenu de la garantir, quoique le protêt ait été fait après les délais fixés.

#### § 3° *De l'acceptation.*

82. Le tireur et les endosseurs d'une lettre de change sont garants solidaires de l'acceptation et du paiement à l'échéance.

83. Le refus d'acceptation est constaté par un acte que l'on nomme protêt faute d'acceptation.

84. Sur la notification du protêt faute d'acceptation, les endosseurs et le tireur sont respectivement tenus de donner caution, pour assurer le paiement de la lettre de change à son échéance, ou d'en effectuer le remboursement avec les frais de protêt et de rechange.

---

[1]) Modifié par une Ordonnance souveraine du 6 juin 1906, qui reproduit presque textuellement la loi française du 11 avril 1888.

La caution, soit du tireur, soit de l'endosseur, n'est solidaire qu'avec celui qu'elle a cautionné.

**85.** Celui qui accepte une lettre de change, contracte l'obligation d'en payer le montant.

L'accepteur n'est pas restituable contre son acceptation, quand même le tireur aurait failli à son insu avant qu'il eût accepté.

**86.** L'acceptation d'une lettre de change doit être signée. L'acceptation est exprimée par le mot accepté. Elle est datée, si la lettre est à un ou plusieurs jours ou mois de vue; et, dans ce dernier cas, le défaut de date de l'acceptation rend la lettre exigible au terme y exprimé, à compter de sa date.

**87.** L'acceptation d'une lettre de change payable dans un autre lieu que celui de la résidence de l'accepteur, indique le domicile où le paiement doit être effectué ou les diligences faites.

**88.** L'acceptation ne peut être conditionnelle; mais elle peut être restreinte quant à la somme acceptée.

Dans ce cas, le porteur est tenu de faire protester la lettre de change pour le surplus.

**89.** Une lettre de change doit être acceptée à sa présentation, ou, au plus tard, dans les vingt-quatre heures de la présentation.

Après les vingt-quatre heures, si elle n'est pas rendue acceptée ou non acceptée, celui qui l'a retenue est passible de dommages-intérêts envers le porteur.

§ 4° De l'acceptation par intervention.

**90.** Lors du protêt faute d'acceptation, la lettre de change peut être acceptée par un tiers intervenant pour le tireur ou pour l'un des endosseurs.

L'intervention est mentionnée dans l'acte du protêt; elle est signée par l'intervenant.

**91.** L'intervenant est tenu de notifier sans délai son intervention à celui pour qui il est intervenu.

**92.** Le porteur de la lettre de change conserve tous ses droits contre le tireur et les endosseurs, à raison du défaut d'acceptation par celui sur qui la lettre était tirée, nonobstant toutes acceptations par intervention.

§ 5° De l'échéance.

**93.** Une lettre de change peut être tirée

A vue,

A un ou plusieurs jours  
A un ou plusieurs mois  } de vue,  
A une ou plusieurs usances  

A un ou plusieurs jours  
A un ou plusieurs mois  } de date,  
A une ou plusieurs usances  

A jour fixe ou à jour déterminé,  
En foire.

**94.** La lettre de change à vue est payable à sa présentation.

**95.** L'échéance d'une lettre de change

A un ou plusieurs jours  
A un ou plusieurs mois  } de vue,  
A une ou plusieurs usances  

est fixée par la date de l'acceptation, ou par celle du protêt faute d'acceptation.

**96.** L'usance est de trente jours, qui courent du lendemain de la date de la lettre de change.

Les mois sont tels qu'ils sont fixés par le calendrier grégorien.

**97.** Une lettre de change payable en foire est échue la veille du jour fixé pour la clôture de la foire, ou le jour de la foire si elle ne dure qu'un jour.

**98.**[1] Si l'échéance d'une lettre de change est à un jour férié légal, elle est payable la veille.

**99.** Tous délais de grâce, de faveur, d'usage ou d'habitude locale, pour le paiement des lettres de change, sont abrogés.

---

[1]) Modifié par l'Ordonnance souveraine du 11 juillet 1905, qui a reproduit textuellement la disposition de la loi française du 28 mars 1904. (Note de l'auteur de l'Introduction.)

### § 6° *De l'endossement.*

**100.** La propriété d'une lettre de change se transmet par la voie de l'endossement.

**101.** L'endossement est daté. Il exprime la valeur fournie. Il énonce le nom de celui à l'ordre de qui il est passé.

**102.** Si l'endossement n'est pas conforme aux dispositions de l'article précédent, il n'opère pas le transport, il n'est qu'une procuration.

**103.** Il est défendu d'antidater les ordres, à peine de faux.

### § 7° *De la solidarité.*

**104.** Tous ceux qui ont signé, accepté ou endossé une lettre de change, sont tenus à la garantie solidaire envers le porteur.

### § 8° *De l'aval.*

**105.** Le paiement d'une lettre de change, indépendamment de l'acceptation et de l'endossement, peut être garanti par un aval.

**106.** Cette garantie est fournie, par un tiers, sur la lettre même ou par acte séparé.

Le donneur d'aval est tenu solidairement et par les mêmes voies que les tireurs et endosseurs, sauf les conventions différentes des parties.

### § 9° *Du paiement.*

**107.** Une lettre de change doit être payée dans la monnaie qu'elle indique.

**108.** Celui qui paie une lettre de change avant son échéance est responsable de la validité du paiement.

**109.** Celui qui paie une lettre de change à son échéance et sans opposition est présumé valablement libéré.

**110.** Le porteur d'une lettre de change ne peut être contraint d'en recevoir le paiement avant l'échéance.

**111.** Le paiement d'une lettre de change fait sur une seconde, troisième, quatrième, etc., est valable, lorsque la seconde, troisième, quatrième, etc., porte que ce paiement annule l'effet des autres.

**112.** Celui qui paie une lettre de change sur une seconde, troisième, quatrième, etc., sans retirer celle sur laquelle se trouve son acceptation, n'opère point sa libération à l'égard du tiers porteur de son acceptation.

**113.** Il n'est admis d'opposition au paiement qu'en cas de perte de la lettre de change, ou de la faillite du porteur.

**114.** En cas de perte d'une lettre de change non acceptée, celui à qui elle appartient peut en poursuivre le paiement sur une seconde, troisième, quatrième, etc.

**115.** Si la lettre de change perdue est revêtue de l'acceptation, le paiement ne peut en être exigé sur une seconde, troisième, quatrième, etc., que par ordonnance du juge, et en donnant caution.

**116.** Si celui qui a perdu la lettre de change, qu'elle soit acceptée ou non, ne peut représenter la seconde, troisième, quatrième, etc., il peut demander le paiement de la lettre de change perdue, et l'obtenir par l'ordonnance du juge, en justifiant de sa propriété par ses livres et en donnant caution.

**117.** En cas de refus de paiement, sur la demande formée en vertu des deux articles précédents, le propriétaire de la lettre de change perdue conserve tous ses droits par un acte de protestation.

Cet acte doit être fait le lendemain de l'échéance de la lettre de change perdue.

Il doit être notifié aux tireur et endosseurs dans les formes et délais prescrits ci-après pour la notification du protêt.

**118.** Le propriétaire de la lettre de change égarée doit, pour s'en procurer la seconde, s'adresser à son endosseur immédiat qui est tenu de lui prêter son nom et ses soins pour agir envers son propre endosseur; et ainsi en remontant d'endosseur en endosseur jusqu'au tireur de la lettre. Le propriétaire de la lettre de change égarée supportera les frais.

**119.** L'engagement de la caution, mentionné dans les articles 115 et 116, est éteint après trois ans, si pendant ce temps, il n'y a eu ni demandes ni poursuites juridiques.

**120.** Les paiements faits à compte sur le montant d'une lettre de change sont à la décharge des tireur et endosseurs.

Le porteur est tenu de faire protester la lettre de change pour le surplus.

**121.** Les juges ne peuvent accorder aucun délai pour le paiement d'une lettre de change.

### § 10° *Du paiement par intervention.*

**122.** Une lettre de change protestée peut être payée par tout intervenant pour le tireur ou pour l'un des endosseurs.

L'intervention et le paiement seront constatés dans l'acte de protêt ou à la suite de l'acte.

**123.** Celui qui paie une lettre de change par intervention est subrogé aux droits du porteur, et tenu des mêmes devoirs pour les formalités à remplir.

Si le paiement par intervention est fait pour le compte du tireur, tous les endosseurs sont libérés.

S'il est fait pour un endosseur, les endosseurs subséquents sont libérés.

S'il y a concurrence pour le paiement d'une lettre de change par intervention, celui qui opère le plus de libérations est préféré.

Si celui sur qui la lettre était originairement tirée, et sur qui a été fait le protêt faute d'acceptation, se présente pour la payer, il sera préféré à tous autres.

### § 11° *Des droits et devoirs du porteur.*

**124.** Le porteur d'une lettre de change tirée du continent et des îles de l'Europe ou de l'Algérie, et payable dans la Principauté, soit à vue, soit à un ou plusieurs jours, mois ou usances de vue, doit en exiger le paiement ou l'acceptation dans les trois mois de sa date, sous peine de perdre son recours sur les endosseurs et même sur le tireur, si celui-ci a fait provision.

Le délai est de quatre mois pour les lettres de change tirées des autres États du littoral de la Méditerranée et du littoral de la mer Noire sur la Principauté et et réciproquement de la Principauté sur lesdits États.

Le délai est de six mois pour les lettres de change tirées des États d'Afrique en deçà du cap de Bonne-Espérance, et des États d'Amerique, en deçà du Cap Horn, sur la Principauté et réciproquement.

Le délai est d'un an pour les lettres de change tirées de toute autre partie du monde sur la Principauté et réciproquement.

La même déchéance aura lieu contre le porteur d'une lettre de change à vue, à un ou plusieurs jours, mois ou usances de vue, tirée de la Principauté et payable dans les pays étrangers, qui n'en exigera pas le paiement ou l'acceptation dans les délais ci-dessus prescrits pour chacune des distances respectives. Les délais ci-dessus seront doublés en temps de guerre mairitime pour les pays d'outre-mer.

Les dispositions ci-dessus ne préjudicieront pas néanmoins aux stipulations contraires qui pourraient intervenir entre le preneur, le tireur et même les endosseurs.

**125.** Le porteur d'une lettre de change doit en exiger le paiement le jour de son échéance.

**126.** Le refus de paiement doit être constaté le lendemain du jour de l'échéance, par un acte que l'on nomme protêt faute de paiement.

Si ce jour est un jour férié légal, le protêt est fait le jour suivant.

**127.** Le porteur n'est dispensé du protêt faute de paiement, ni par le protêt faute d'acceptation, ni par la mort ou faillite de celui sur qui la lettre de change est tirée.

Dans le cas de faillite de l'accepteur avant l'échéance, le porteur peut faire protester et exercer son recours.

**128.** Le porteur d'une lettre de change protestée faute de paiement, peut exercer son action en garantie, ou individuellement contre le tireur et chacun des endosseurs, ou collectivement contre les endosseurs et le tireur. La même faculté existe pour chacun des endosseurs, à l'égard du tireur et des endosseurs qui le précèdent.

Si le porteur exerce le recours individuellement contre son cédant, il doit lui en faire notifier le protêt, et à défaut de remboursement, le faire citer en jugement dans les quinze jours qui suivent la date du protêt, si celui-ci réside dans la Principauté.

**129.** Les lettres de change tirées de la Principauté et payables en pays étrangers étant protestées, les tireur et endosseurs résidant dans la Principauté seront poursuivis dans les délais ci-apars: D'un mois, pour celles qui étaient payables sur le territoire continental de la France, en Corse, en Algérie, dans les Iles Britanninques, en Italie, dans le Royaume des Pays-Bas et dans les États ou Confédérations limitrophes de la France; — De deux mois pour celles qui étaient payables dans les autres États, soit de l'Europe, soit du littoral de la Méditerranée et de celui de la mer Noire; — De cinq mois pour celles qui étaient payables hors d'Europe en deçà des détroits de Malacca et de la Sonde et en deçà du cap Horn; — De huit mois pour celles qui étaient payables au-delà des détroits de Malacca et de la Sonde et au-delà du cap Horn.

Les délais ci-dessus seront doublés dans les pays d'outre-mer, en cas de guerre maritime.

**130.** Si le porteur exerce son recours collectivement contre les endosseurs et le tireur, il jouit, à l'égard de chacun d'eux, du délai déterminé par les articles précédents.

Chacun des endosseurs a le droit d'exercer le même recours, ou individuellement, ou collectivement, dans le même délai.

À leur égard, le délai court du lendemain de la date de la citation en justice.

**131.** Après l'expiration des délais ci-dessus, pour la présentation de la lettre de change à vue, ou à un ou plusieurs jours ou mois ou usances de vue, pour le protêt faute de paiement, Pour l'exercice de l'action en garantie, le porteur de la lettre de change est déchu de tous droits contre les endosseurs.

**132.** Les endosseurs sont également déchus de toute action en garantie contre leurs cédants, après les délais ci-après prescrits, chacun en ce qui le concerne.

**133.** La même déchéance a lieu contre le porteur et les endosseurs, à l'égard du tireur lui-même, si ce dernier justifie qu'il y avait provision à l'échéance de la lettre de change.

Le porteur, en ce cas, ne conserve d'action que contre celui sur qui la lettre était tirée.

**134** Les effets de la déchéance prononcée par les trois articles précédents cessent en faveur du porteur, contre le tireur, ou contre celui des endosseurs qui, après l'expiration des délais fixés pour le protêt ou la citation en jugement, a reçu par compte, compensation ou autrement, les fonds destinés au paiement de la lettre de change.

**135.** Indépendamment des formalités prescrites pour l'exercice de l'action en garantie, le porteur d'une lettre de change protestée faute de paiement peut, en obtenant la permission du juge, saisir conservatoirement les effets mobiliers des tireur, accepteurs et endosseurs.

### § 12° *Des protêts.*

**136.** Les protêts faute d'acceptation ou de paiement sont faits par un notaire ou par un huissier. Le protêt doit être fait: Au domicile de celui sur qui la lettre de change était payable, ou à son dernier domicile connu; — Au domicile des personnes indiquées par la lettre de change pour la payer au besoin; — Au domicile du tiers qui a accepté par intervention; — Le tout par un seul et même acte. En cas de fausse indication de domicile, le protêt est précédé d'un acte de perquisition.

**137.** L'acte de protêt contient: La transcription littérale de la lettre de change, de l'acceptation, des endossements et des recommandations qui y sont indiquées; — La sommation de payer le montant de la lettre de change. Il énonce: La présence ou l'absence de celui qui doit payer; — Les motifs du refus de payer, et l'impuissance ou le refus de signer.

**138.** Nul acte, de la part du porteur de la lettre de change, ne peut suppléer l'acte de protêt, hors le cas prévu par les articles 114 et suivants, touchant la perte de la lettre de change.

**139.** Les notaires et les huissiers sont tenus, à peine de destitution, dépens, dommages-intérêts envers les parties, de laisser copie exacte des protêts, et de les inscrire en entier, jour par jour et par ordre de dates, dans un registre particulier, coté, paraphé, et tenu dans les formes prescrites pour les répertoires.

### § 13° *Du rechange.*

**140.** Le rechange s'effectue par une retraite.

**141.** La retraite est une nouvelle lettre de change, au moyen de laquelle le porteur se rembourse sur le tireur, ou sur l'un des endosseurs, du principal de la lettre protestée, de ses frais, et du nouveau change qu'il paie.

**142.** Le rechange se règle, à l'égard du tireur, par le cours du change du lieu où la lettre de change était payable, sur le lieu d'où elle a été tirée.

Il se règle, à l'égard des endosseurs, par le cours du change du lieu où la lettre de change a été remise ou négociée par eux, sur le lieu où le remboursement s'effectue.

**143.** La retraite est accompagnée d'un compte de retour.

**144.** Le compte de retour comprend: Le principal de la lettre de change protestée; — Les frais de protêt et autres frais légitimes, tels que commission de banque, courtage, timbre et ports de lettres. — Il énonce le nom de celui sur qui la retraite est faite, et le prix du change auquel elle est négociée. — Il est certifié par deux commerçants. — Il est accompagné de la lettre de change protestée, du protêt et d'une expédition de l'acte du protêt. — Dans le cas où la retraite est faite sur l'un des endosseurs, elle est accompagnée, en outre, d'un certificat qui constate le cours du change du lieu où la lettre de change était payable, sur le lieu d'où elle a été tirée.

**145.** Il ne peut être fait plusieurs comptes de retour sur une même lettre de change.

Ce compte de retour est remboursé d'endosseur à endosseur respectivement, et définitivement par le tireur.

**146.** Les rechanges ne peuvent être cumulés. Chaque endosseur n'en supporte qu'un seul, ainsi que le tireur.

**147.** L'intérêt du principal de la lettre de change protestée faute de paiement est dû à compter du jour du protêt.

**148.** L'intérêt des frais de protêt, rechange et autres frais légitimes, n'est dû qu'à compter du jour de la demande en justice.

**149.** Il n'est point dû de rechange, si le compte de retour n'est pas accompagné des certificats de commerçants, prescrits par l'article 144.

## Section II. Du billet à ordre.

**150.** Toutes les dispositions relatives aux lettres de change, et concernant: L'échéance, — L'endossement, — La solidarité, — L'aval, — Le paiement, — Le paiement par l'intervention, — Le protêt, — Les devoirs et droits du porteur, — Le rechange ou les intérêts, sont applicables au billet à ordre.

**151.** Le billet à ordre est daté. Il énonce: La somme à payer, — Le nom de celui à l'ordre de qui il est souscrit, — L'époque à laquelle le paiement doit s'effectuer, — La valeur qui a été fournie en espèces, en marchandises, en compte, ou de toute autre manière.

## Section III. De la prescription.

**152.** Toutes actions relatives aux lettres de change, et à ceux des billets à ordre souscrits par des négociants, marchands ou banquiers, ou pour faits de commerce, se prescrivent par cinq ans, à compter du lendemain de l'échéance ou de la dernière poursuite juridique, s'il n'y a eu condamnation, ou si la dette n'a été reconnue par acte séparé.

Si la lettre de change est à vue, à jours, mois ou usances de vue, la prescription court à partir de l'expiration du délai pour la présentation, fixé par le paragraphe XI du présent titre[1].

Néanmoins les prétendus débiteurs seront tenus, s'ils en sont requis, d'affirmer sous serment, qu'ils ne sont plus redevables; et leurs veuves, héritiers ou ayants-cause, qu'ils estiment de bonne foi qu'il n'est plus rien dû.

---

# Livre deuxième. Du commerce maritime.

## Titre premier. Des navires et autres bâtiments de mer.

**153.** Les navires et autres bâtiments de mer sont meubles.

Néanmoins ils sont affectés aux dettes du vendeur et spécialement à celles que la loi déclare privilégiées.

**154.** Sont privilégiées, et dans l'ordre où elles sont rangées, les dettes ci-après désignées: 1° Les frais de justice et autres, faits pour parvenir à la vente et à la distribution du prix; — 2° Les droits de pilotage, tonnage, cale, amarrage et bassin ou avant-bassin; — 3° Les gages du gardien, et frais de garde du bâtiment, depuis son entrée dans le port jusqu'à la vente; — 4° Le loyer des magasins où

---

[1]) Art. 124 ff.

se trouvent déposés les agrès et les apparaux; — 5° Les frais d'entretien du bâtiment et de ses agrès et apparaux, depuis son dernier voyage et son entrée dans le port; — 6° Les gages et loyers du capitaine et autres gens de l'équipage employés au dernier voyage; — 7° Les sommes prêtées au capitaine pour les besoins du bâtiment pendant le dernier voyage, et le remboursement du prix des marchandises par lui vendues pour le même objet; — 8° Les sommes dues au vendeur, aux fournisseurs et ouvriers employés à la construction, si le navire n'a point encore fait de voyage; et les sommes dues aux créanciers pour fournitures, travaux, main-d'œuvre, pour radoub, victuailles, armement et équipement, avant le départ du navire, s'il a déjà navigué; — 9° Les sommes prêtées à la grosse sur le corps, quille, agrès, apparaux, pour radoub, victuailles, armement et équipement, avant le départ du navire; — 10° Le montant des primes d'assurances faites sur le corps, quille, agrès, apparaux, et sur armement et équipement du navire, dues pour le dernier voyage; — 11° Les dommages-intérêts dus aux affréteurs, pour le défaut de délivrance des marchandises qu'ils ont chargées, ou pour remboursement des avaries souffertes par lesdites marchandises par la faute du capitaine ou de l'équipage.

Les créanciers compris dans chacun des numéros du présent article viendront en concurrence, et au marc le franc, en cas d'insuffisance du prix.

**155.** Le privilége accordé aux dettes énoncées dans le précédent article ne peut être exercé qu'autant qu'elles seront justifiées dans les formes suivantes: 1° Les frais de justice seront constatés par les états de frais arrêtés par les tribunaux compétents; — 2° Les droits de tonnage et autres, par les quittances légales des receveurs; — 3° Les dettes désignées par les numéros 1, 3, 4 et 5 de l'article 154 seront constatées par des états arrêtés par le président du tribunal; — 4° Les gages et loyers de l'équipage, par les rôles d'armement et désarmement arrêtés dans les bureaux de la marine; — 5° Les sommes prêtées et la valeur des marchandises vendues pour les besoins du navire pendant le dernier voyage, par des états arrêtés par le capitaine, appuyés de procès-verbaux signés par le capitaine et les principaux de l'équipage, constatant la nécessité des emprunts; — 6° La vente du navire par un acte ayant date certaine, et les fournitures pour l'armement, équipement et victuailles du navire, seront constatées par les mémoires, factures ou états visés par le capitaine et arrêtés par l'armateur, dont un double sera déposé au greffe général avant le départ du navire, ou, au plus tard, dans les dix jours après son départ; — 7° Les sommes prêtées à la grosse sur le corps, quille, agrès, apparaux, armement et équipement, avant le départ du navire, seront constatées par des contrats passés devant notaires, ou sous signatures privées, dont les expéditions ou doubles seront déposés au greffe général, dans les dix jours de leur date; — 8° Les primes d'assurances seront constatées par les polices ou par les extraits des livres des courtiers d'assurances; — 9° Les dommages-intérêts dus aux affréteurs seront constatés par les jugements, ou par les décisions arbitrales qui seront intervenues.

**156.** Les priviléges des créanciers seront éteints — Indépendamment des moyens généraux d'extinction des obligations — Par la vente en justice faite dans les formes établies par le titre suivant — Ou lorsque après une vente volontaire, le navire aura fait un voyage en mer sous le nom et aux risques de l'acquéreur, et sans opposition de la part des créanciers du vendeur.

**157.** Un navire est censé avoir fait un voyage en mer: lorsque son départ et son arrivée auront été constatés dans deux ports différents et trente jours après le départ; lorsque, sans être arrivé dans un autre port, il s'est écoulé plus de soixante jours entre le départ et le retour dans le même port, ou lorsque le navire parti pour un voyage de long cours, a été plus de soixante jours en voyage, sans réclamation de la part des créanciers du vendeur.

**158.** La vente volontaire d'un navire doit être faite par écrit, et peut avoir lieu par acte public, ou par acte sous signatures privées.

Elle peut être faite pour le navire entier, ou pour une portion du navire, le navire étant dans le port ou en voyage.

**159.** La vente volontaire d'un navire en voyage ne préjudicie pas aux créanciers du vendeur.

En conséquence, nonobstant la vente, le navire ou son prix continue d'être le gage desdits créanciers, qui peuvent même, s'ils le jugent convenable, attaquer la vente pour cause de fraude.

## Titre deuxième. De la saisie et vente des navires.

**160.** Tous bâtiments de mer peuvent être saisis et vendus par autorité de justice, et le privilège des créanciers sera purgé par les formalités suivantes.

**161.** Il ne pourra être procédé à la saisie que vingt-quatre heures après le commandement de payer.

**162.** Le commandement devra être fait à la personne du propriétaire ou à son domicile, s'il s'agit d'une action générale à exercer contre lui.

Le commandement pourra être fait au capitaine du navire, si la créance est du nombre de celles qui sont susceptibles de privilége sur le navire aux termes de l'article 154.

**163.** L'huissier énonce dans le procès-verbal: Les noms, profession et demeure du créancier pour qui il agit; — Le titre en vertu duquel il procède; — La somme dont il poursuit le paiement; — L'élection de domicile faite par le créancier dans le lieu ou siége le tribunal devant lequel la vente doit être poursuivie, et dans le lieu où le navire saisi est amarré; — Les noms du propriétaire et du capitaine; — Le nom, l'espèce et le tonnage du bâtiment.

Il fait l'énonciation et la description des chaloupes, canots, agrès, ustensiles, armes, munitions et provisions.

Il établit un gardien.

**164.** Si le propriétaire du navire saisi demeure dans la Principauté, le saisissant doit lui faire notifier, dans le délai de trois jours, copie du procès-verbal de saisie, et le faire citer devant le tribunal pour voir procéder à la vente des choses saisies.

S'il est étranger et hors de la Principauté, les citations et significations sont données ainsi qu'il est prescrit par le Code de Procédure civile, article 44[1].

**165.** Si la saisie a pour objet un bâtiment dont le tonnage soit au-dessus de dix tonneaux, il sera fait trois criées et publications des objets en vente. Les criées et publications seront faites consécutivement, de huitaine en huitaine, dans la principale place publique du lieu où le bâtiment est amarré.

L'avis en sera inséré dans le Journal de Monaco.

**166.** Dans les deux jours qui suivent chaque criée et publication, il est apposé des affiches: Au grand mât du bâtiment saisi, — A la porte principale du tribunal devant lequel on procède, — Dans la place publique et sur le quai du port où le bâtiment est amarré.

**167.** Les criées, publications et affiches doivent désigner: Les nom, profession et demeure du poursuivant, — Les titres en vertu desquels il agit, — Le montant de la somme qui lui est due, — L'élection de domicile par lui faite dans le lieu où siége le tribunal, et dans le lieu où le bâtiment est amarré, — Les nom et domicile du propriétaire du navire saisi, — Le nom du bâtiment, et, s'il est armé ou en armement, celui du capitaine, — Le tonnage du navire, — Le lieu où il est gisant ou flottant, — Le nom de l'avocat ou défenseur du poursuivant, — La première mise à prix, et les jours des audiences auxquelles les enchères seront reçues.

**168.** Après la première criée, les enchères seront reçues le jour indiqué par l'affiche.

Le juge commis d'office pour la vente continue de recevoir les enchères après chaque criée, de huitaine en huitaine, à jour certain fixé par son ordonnance.

**169.** Après la troisième criée, l'adjudication est faite au plus offrant et dernier enchérisseur, à l'extinction des feux, sans autre formalité. Le juge commis d'office peut accorder une ou deux remises, de huitaine chacune. Elles sont publiées et affichées.

**170.** Si la saisie porte sur des barques, chaloupes et autres bâtiments du port de dix tonneaux et au-dessous, l'adjudication sera faite à l'audience, après la publication sur le quai pendant trois jours consécutifs, avec affiche au mât, ou à défaut, en autre lieu apparent du bâtiment, et à la porte du tribunal.

Il sera observé un délai de huit jours francs entre la signification de la saisie et la vente.

**171.** L'adjudication du navire fait cesser les fonctions du capitaine; sauf à lui à se pourvoir en dédommagement contre qui de droit.

---

[1] L'art. 44 de l'ancien Code cité par cette disposition est aujourd'hui remplacé par les art. 150 à 153 du nouveau Code de procédure civile. (Note de l'auteur de l'introduction.)

**172.** Les adjudicataires des navires de tout tonnage seront tenus de payer le prix de leur adjudication dans le délai de vingt-quatre heures, ou de le consigner, sans frais, au greffe général, à peine d'y être contraints par corps.

A défaut de paiement ou de consignation, le bâtiment sera remis en vente, adjugé trois jours après une nouvelle publication et affiche unique, à la folle enchère des adjudicataires, qui seront également contraints par corps pour le paiement du déficit, des dommages, des intérêts et des frais.

**173.** Les demandes en distraction seront formées et notifiées au greffe général avant l'adjudication.

Si les demandes en distraction ne sont formées qu'après l'adjudication, elles seront converties, de plein droit, en opposition à la délivrance des sommes provenant de la vente.

**174.** Le demandeur ou l'opposant aura trois jours pour fournir ses moyens. Le défenseur aura trois jours pour contredire.

La cause sera portée à l'audience, sur une simple citation.

**175.** Pendant trois jours après celui de l'adjudication, les oppositions à la délivrance du prix seront reçues; passé ce temps, elles ne seront plus admises.

**176.** Les créanciers opposants sont tenus de produire au greffe leurs titres de créance dans les trois jours qui suivent la sommation qui leur en est faite par le créancier poursuivant ou par le tiers saisi; faute de quoi il sera procédé à la distribution du prix de la vente, sans qu'ils y soient compris.

**177.** La collocation des créanciers et la distribution de deniers sont faites entre les créanciers privilégiés dans l'ordre prescrit par l'article 154, et entre les autres créanciers, au marc le franc de leurs créances. Tout créancier colloqué l'est tant pour son principal que pour les intérêts et frais.

**178.** Le bâtiment prêt à faire voile n'est pas saisissable, si ce n'est à raison de dettes contractées pour le voyage qu'il va faire; et, même dans ce dernier cas, le cautionnement de ces dettes empêche la saisie.

Le bâtiment est censé prêt à faire voile lorsque le capitaine est muni de ses expéditions pour son voyage.

## Titre troisième. Des propriétaires de navires.

**179.** Tout propriétaire de navire est civilement responsable des faits du capitaine et tenu des engagements contractés par ce dernier, pour ce qui est relatif au navire et à l'expédition.

Il peut, dans tous les cas, s'affranchir des obligations ci-dessus par l'abandon du navire et du fret.

Toutefois, la faculté de faire abandon n'est point accordée à celui qui est en même temps capitaine et propriétaire ou copropriétaire du navire. Lorsque le capitaine ne sera que copropriétaire, il ne sera responsable des engagements contractés par lui, pour ce qui est relatif au navire et à l'expédition, que dans la proportion de son intérêt.

**180.** Les propriétaires des navires équipés en guerre ne seront toutefois responsables des délits et déprédations commis en mer par les gens de guerre qui sont sur leurs navires, ou par les équipages, que jusqu'à concurrence de la somme pour laquelle ils auront donné caution, à moins qu'ils n'en soient participants ou complices.

**181.** Le propriétaire peut congédier le capitaine.

Il n'y a pas lieu à indemnité, s'il n'y a convention par écrit.

**182.** Si le capitaine congédié est copropriétaire du navire, il peut renoncer à la copropriété et exiger le remboursement du capital qui la représente.

Le montant de ce capital est déterminé par des experts convenus ou nommés d'office.

**183.** En tout ce qui concerne l'intérêt commun des propriétaires d'un navire, l'avis de la majorité est suivi.

La majorité se détermine par une portion d'intérêt dans le navire, excédant la moitié de sa valeur.

La licitation du navire ne peut être accordée que sur la demande des propriétaires, formant ensemble la moitié de l'intérêt total dans le navire, s'il n'y a, par écrit, convention contraire.

## Titre quatrième. Du capitaine.

**184.** Tout capitaine, maître ou patron, chargé de la conduite d'un navire ou autre bâtiment, est garant de ses fautes même légères, dans l'exercice de ses fonctions.

**185.** Il est responsable des marchandises dont il se charge.

Il en fournit une reconnaissance.

Cette reconnaissance se nomme connaissement.

**186.** Il appartient au capitaine de former l'équipage du vaisseau, et de choisir et louer les matelots et autres gens de l'équipage, ce qu'il fera néanmoins de concert avec les propriétaires, lorsqu'il sera dans le lieu de leur demeure.

**187.** Le capitaine tient un registre coté et paraphé par l'un des juges du tribunal de première instance, ou par le maire ou son adjoint.

Ce registre contient: Les résolutions prises pendant le voyage; — La recette et la dépense concernant le navire, et généralement tout ce qui concerne le fait de sa charge, et tout ce qui peut donner lieu à un compte à rendre, à une demande à former.

**188.** Le capitaine est tenu, avant de prendre charge, de faire visiter son navire, aux termes et dans les formes prescrits par les règlements.

Le procès-verbal de visite est déposé au greffe général; il en est délivré extrait au capitaine.

**189.** Le capitaine est tenu d'avoir à bord: L'acte de propriété du navire, — L'acte de nationalité monégasque, — Le rôle d'équipage, — Les connaissements et chartes-parties, — Les procès-verbaux de visite, — Les acquits de paiement ou à caution des douanes.

**190.** Le capitaine est tenu d'être en personne dans son navire, à l'entrée et à la sortie des ports, havres ou rivières.

**191.** En cas de contravention aux obligations imposées par les quatre articles précédents, le capitaine est responsable de tous les événements envers les intéressés au navire et au chargement.

**192.** Le capitaine répond également de tout le dommage qui peut arriver aux marchandises qu'il aurait chargées sur le tillac de son vaisseau sans le consentement par écrit du chargeur.

Cette disposition n'est point applicable au petit cabotage.

**193.** La responsabilité du capitaine ne cesse que par la force d'obstacle de force majeure.

**194.**[1] Le capitaine et les gens de l'équipage qui sont à bord, ou qui, sur les chaloupes, se rendent à bord pour faire voile, ne peuvent être arrêtés pour dettes civiles, si ce n'est à raison de celles qu'ils auront contractées pour le voyage; et même, dans ce dernier cas, ils ne peuvent être arrêtés, s'ils donnent caution.

**195.** Le capitaine, dans le lieu de la demeure des propriétaires ou de leurs fondés de pouvoir, ne peut, sans leur autorisation spéciale, faire travailler au radoub du bâtiment, acheter des voiles, cordages et autres choses pour le bâtiment, prendre à cet effet de l'argent sur le corps du navire, ni fréter le navire.

**196.** Si le bâtiment est frété du consentement des propriétaires et que quelques-uns d'eux refusent de contribuer aux frais nécessaires pour l'expédition, le capitaine peut, en ce cas, vingt-quatre heures après sommation faite aux refusants de fournir leur contingent, emprunter à la grosse pour leur compte sur leur part dans le navire, avec l'autorisation du juge.

**197.** Si pendant le cours du voyage il y a nécessité de radoub ou d'achat de victuailles, le capitaine, après l'avoir constaté par un procès-verbal signé des principaux de l'équipage, pourra, en se faisant autoriser, dans la Principauté, par le tribunal de première instance, ou, à défaut, par le juge de paix, chez l'étranger, par le consul Monégasque, ou à défaut, par le magistrat des lieux, emprunter sur le corps et quille du vaisseau, mettre en gage ou vendre des marchandises jusqu'à concurrence de la somme que les besoins constatés exigent.

---

[1]) Cet article a été abrogé implicitement par le défaut de mention de la contrainte par corps dans le Code civil en vigueur. Cette voie d'exécution n'existe plus aujourd'hui que pour les condamnations à des amendes, restitutions, dommages-intérêts et frais, en matière criminelle, correctionelle et de police. Code de procédure pénale, art. 593 et 594. (Note de l'auteur de l'introduction.)

Les propriétaires, ou le capitaine qui les représente, tiendront compte des marchandises vendues, d'après le cours des marchandises de même nature et qualité dans le lieu de la décharge du navire à l'époque de son arrivée.

L'affréteur unique ou les chargeurs divers, qui seront tous d'accord, pourront s'opposer à la vente ou à la mise en gage de leurs marchandises, en les déchargeant et en payant le fret en proportion de ce que le voyage est avancé.  A défaut du consentement d'une partie des chargeurs, celui qui voudra user de la faculté de déchargement sera tenu du fret entier sur ses marchandises.

**198.** Le capitaine, avant son départ d'un port étranger pour revenir dans la Principauté, sera tenu d'envoyer à ses propriétaires, ou à leurs fondés de pouvoir, un compte signé de lui, contenant l'état de son chargement, le prix des marchandises de sa cargaison, les sommes par lui empruntées, les noms et demeures des prêteurs.

**199.** Le capitaine qui aura, sans nécessité, pris de l'argent sur le corps, ravitaillement ou équipement du navire, engagé ou vendu des marchandises ou des victuailles, ou qui aura employé dans ses comptes des avaries et des dépenses supposées sera responsable envers l'armement, et personnellement tenu du remboursement de l'argent ou du paiement des objets, sans préjudice de la poursuite criminelle, s'il y a lieu.

**200.** Hors le cas d'innavigabilité légalement constatée, le capitaine ne peut, à peine de nullité de la vente, vendre le navire sans un pouvoir spécial des propriétaires.

**201.** Tout capitaine de navire, engagé pour un voyage, est tenu de l'achever, à peine de tous dépens, dommages et intérêts envers les propriétaires et les affréteurs.

**202.** Le capitaine qui navigue à profit commun sur le chargement, ne peut faire aucun trafic ni commerce pour son compte particulier, s'il n'y a convention contraire.

**203.** En cas de contravention aux dispositions mentionnées dans l'article précédent, les marchandises embarquées par le capitaine pour son compte particulier sont confisquées au profit des autres intéressés.

**204.** Le capitaine ne peut abandonner son navire pendant le voyage, pour quelque danger que ce soit, sans l'avis des officiers et principaux de l'équipage; et, en ce cas, il est tenu de sauver avec lui l'argent et ce qu'il pourra des marchandises les plus précieuses de son chargement, sous peine d'en répondre en son propre nom.

Si les objets ainsi tirés du navire sont perdus par quelque cas fortuit, le capitaine en demeurera déchargé.

**205.** Le capitaine est tenu, dans les vingt-quatre heures de son arrivée, de faire viser son registre et de faire son rapport.

Le rapport doit énoncer: Le lieu et le temps de son départ, — La route qu'il a tenue, — Les hasards qu'il a courus, — Les désordres arrivés dans le navire, et toutes les circonstances remarquables de son voyage.

**206.** Le rapport est fait au greffe devant le président du tribunal de première instance.

**207.** Si le capitaine aborde dans un port étranger, il est tenu de se présenter au consul de Monaco, de lui faire un rapport, et de prendre un certificat constatant l'époque de son arrivée et de son départ, l'état et la nature de son chargement.

**208.** Si, pendant le cours du voyage, le capitaine, est obligé de relâcher dans un port étranger, la déclaration est faite au consul de Monaco, ou, à son défaut, au magistrat du lieu.

**209.** Le capitaine qui a fait naufrage, et qui s'est sauvé seul ou avec partie de son équipage, est tenu de se présenter devant le juge du lieu, ou, à défaut de juge, devant toute autre autorité civile, d'y faire son rapport, de le faire vérifier par ceux de son équipage qui se seraient sauvés et se trouveraient avec lui, et d'en lever expédition.

**210.** Pour vérifier le rapport du capitaine, le juge reçoit l'interrogatoire des gens de l'équipage, et, s'il est possible, des passagers, sans préjudice des autres preuves.

Les rapports non vérifiés ne sont point admis à la décharge du capitaine, et ne font point foi en justice, excepté dans le cas où le capitaine naufragé s'est sauvé seul dans le lieu où il a fait son rapport.

La preuve des faits contraires est réservée aux parties.

**211.** Hors les cas de péril imminent, le capitaine ne peut décharger aucune marchandise avant d'avoir fait son rapport, à peine de poursuites extraordinaires contre lui.

**212.** Si les victuailles du bâtiment manquent pendant le voyage, le capitaine, en prenant l'avis des principaux de l'équipage, pourra contraindre ceux qui auront des vivres en particulier de les mettre en commun, à la charge de leur en payer la valeur.

## Titre cinquième. De l'engagement et des loyers des matelots et des gens de l'équipage.

**213.** Les conditions d'engagement du capitaine et des hommes d'équipage d'un navire sont constatées par le rôle d'équipage, ou par les conventions des parties.

**214.** Le capitaine et les gens de l'équipage ne peuvent, sous aucun prétexte, charger dans le navire aucune marchandise pour leur compte, sans la permission des propriétaires et sans en payer le fret, s'ils n'y sont autorisés par l'engagement.

**215.** Si le voyage est rompu par le fait des propriétaires, capitaine ou affréteurs, avant le départ du navire, les matelots loués au voyage ou au mois sont payés des journées par eux employées à l'équipement du navire. Ils retiennent pour indemnité les avances reçues.

Si les avances ne sont pas encore payées, ils reçoivent, pour indemnité, un mois de leurs gages convenus.

Si la rupture arrive après le voyage commencé, les matelots loués au voyage sont payés en entier aux termes de leurs conventions.

Les matelots loués au mois reçoivent leurs loyers stipulés pour le temps qu'ils ont servi, et, en outre, pour indemnité, la moitié de leurs gages pour le reste de la durée présumée du voyage pour lequel ils étaient engagés.

Les matelots loués au voyage ou au mois reçoivent, en outre, leur conduite de retour jusqu'au lieu du départ du navire, à moins que le capitaine, les propriétaires ou affréteurs, ne leur procurent leur embarquement sur un autre navire revenant audit lieu de leur départ.

**216.** S'il y a interdiction de commerce avec le lieu de la destination du navire, ou si le navire est arrêté par ordre du gouvernement avant le voyage commencé, il n'est dû aux matelots que les journées employées à équiper le bâtiment.

**217.** Si l'interdiction de commerce ou l'arrêt du navire arrive pendant le cours du voyage: Dans le cas d'interdiction, les matelots sont payés à proportion du temps qu'ils auront servi; Dans le cas de l'arrêt, le loyer des matelots engagés au mois court pour moitié pendant le temps de l'arrêt; Le loyer des matelots engagés au voyage est payé aux termes de leur engagement.

**218.** Si le voyage est prolongé, le prix des loyers des matelots engagés au voyage est augmenté en proportion de la prolongation.

**219.** Si la décharge du navire se fait volontairement dans un lieu plus rapproché que celui qui est désigné par l'affrétement, il ne leur est fait aucune diminution.

**220.** Si les matelots sont engagés au profit ou au fret, il ne leur est dû aucun dédommagement ni journées pour la rupture, le retardement ou la prolongation de voyage occasionnés par force majeure.

Si la rupture, le retardement ou la prolongation arrivent par le fait des chargeurs, les gens de l'équipage ont part aux indemnités qui sont adjugées au navire.

Ces indemnités sont partagées entre les propriétaires du navire et les gens de l'équipage dans la même proportion que l'aurait été le fret.

Si l'empêchement arrive par le fait du capitaine ou des propriétaires, ils sont tenus des indemnités dues aux gens de l'équipage.

**221.** En cas de prise, naufrage ou déclaration d'innavigabilité, les matelots engagés au voyage ou au mois sont payés de leurs loyers jusqu'au jour de la cessation de leurs services, à moins qu'il ne soit prouvé soit que la perte du navire est le résultat de leur faute ou de leur négligence, soit qu'ils n'ont point fait tout ce qui était en leur pouvoir pour sauver le navire, les passagers et les marchandises ou pour recueillir les débris.

**222.** Dans ce cas, il appartient au tribunal de statuer sur la suppression ou la réduction de loyer qu'ils ont encourue.

Ils ne sont jamais tenus de rembourser ce qui leur a été avancé sur leurs loyers.

Dans tous les cas, le rapatriement des gens de l'équipage est à la charge de l'armement, mais seulement jusqu'à concurrence de la valeur du navire ou de ses débris, et du montant du fret des marchandises sauvées.

**223.** Les matelots engagés au fret sont payés de leurs loyers seulement sur le fret, à proportion de celui que reçoit le capitaine.

**224.** De quelque manière que les matelots soient loués, ils sont payés des journées par eux employées à sauver les débris et les effets naufragés.

**225.** Le matelot est payé de ses loyers, traité et pansé aux frais du navire, s'il tombe malade pendant le voyage, ou s'il est blessé au service du navire.

Si le matelot a dû être laissé à terre, il est rapatrié aux dépens du navire. Les loyers du matelot laissé à terre lui sont payés jusqu'à ce qu'il ait contracté un engagement nouveau ou qu'il ait été embarqué pour être rapatrié. S'il a été embarqué pour être rapatrié avant son rétablissement, il est payé de ses loyers jusqu'à ce qu'il soit rétabli. Toutefois, la période durant laquelle les loyers du matelot lui sont alloués, ne pourra dépasser, en aucun cas, quatre mois à dater du jour où il a été laissé à terre.

**226.** Le matelot est traité, pansé est rapatrié de la manière indiquée en l'article précédent, aux dépens du navire et du chargement, s'il est blessé en combattant contre les ennemis et les pirates.

**227.** Si le matelot, sorti du navire sans autorisation, est blessé à terre, les frais de ses pansement et traitement sont à sa charge: il pourra même être congédié par le capitaine.

Ses loyers, en ce cas, ne lui seront payés qu'à proportion du temps qu'il aura servi.

**228.** En cas de mort d'un matelot pendant le voyage, si le matelot est engagé au mois, ses loyers sont dus à sa succession jusqu'au jour de son décès.

Si le matelot est engagé au voyage, la moitié de ses loyers est due, s'il meurt en allant, ou au port d'arrivée.

Le total de ses loyers est dû s'il meurt en revenant.

Si le matelot est engagé au profit ou au fret, sa part entière est due s'il meurt le voyage commencé.

Les loyers du matelot tué en défendant le navire sont dus en entier pour tout le voyage, si le navire arrive à bon port; et, en cas de prise, naufrage ou déclaration d'innavigabilité, jusqu'au jour de la cessation des services de l'équipage.

**229.** Le matelot pris dans le navire et fait esclave ne peut rien prétendre contre le capitaine, les propriétaires ni les affréteurs, pour le paiement de son rachat.

Il est payé de ses loyers jusqu'au jour où il est pris et fait esclave.

**230.** Le matelot pris et fait esclave, s'il a été envoyé en mer ou à terre pour le service du navire, a droit à l'entier paiement de ses loyers.

Il a droit au paiement d'une indemnité pour son rachat, si le navire arrive à bon port.

**231.** L'indemnité est due par les propriétaires du navire, si le matelot a été envoyé en mer ou à terre pour le service du navire.

L'indemnité est due par les propriétaires du navire et du chargement, si le matelot a été envoyé en mer ou à terre pour le service du navire et du chargement.

**232.** Le montant de l'indemnité est fixé à six cents francs.

Le recouvrement et l'emploi en seront faits suivant les formes déterminées par le gouvernement dans un règlement relatif au rachat des captifs.

**233.** Tout matelot qui justifie qu'il est congédié sans cause valable a droit à une indemnité contre le capitaine.

L'indemnité est fixée au tiers des loyers, si le congé a lieu avant le voyage commencé.

L'indemnité est fixée à la totalité des loyers et aux frais de retour, si le congé a lieu pendant le cours du voyage.

Le capitaine ne peut, dans aucun des cas ci-dessus, répéter le montant de l'indemnité contre les propriétaires du navire.

Il n'y a pas lieu à indemnité, si le matelot est congédié avant la clôture du rôle d'équipage. Dans aucun cas, le capitaine ne peut congédier un matelot dans les pays étrangers.

**234.** Le navire et le fret sont spécialement affectés aux loyers des matelots.

**235.** Toutes les dispositions concernant les loyers, pansement et rachat des matelots, sont communes aux officiers et à tous autres gens de l'équipage.

## Titre sixième.  Des chartes-parties, affrétements ou nolissements.

**236.** Toute convention pour louage d'un vaisseau, appelée charte-partie, affrétement ou nolissement, doit être rédigée par écrit.

Elle énonce: Le nom et le tonnage du navire, — Le nom du capitaine, — Les noms du fréteur et de l'affréteur, — Le lieu et le temps convenus pour la charge et pour la décharge, — Le prix du fret ou nolis, — Si l'affrétement est total ou partiel, — L'indemnité convenue pour le cas de retard.

**237.** Si le temps de la charge et de la décharge du navire n'est point fixé par les conventions des parties, il est réglé suivant l'usage des lieux.

**238.** Si le navire est frété au mois, et s'il n'y a convention contraire, le fret court du jour où le navire a fait voile.

**239.** Si, avant le départ du navire, il y a interdiction de commerce avec le pays pour lequel il est destiné, les conventions sont résolues sans dommages-intérêts de part ni d'autre.

Le chargeur est tenu des frais de la charge et de la décharge de ses marchandises.

**240.** S'il existe une force majeure qui n'empêche que pour un temps la sortie du navire, les conventions subsistent, et il u'y a pas lieu à dommages-intérêts à raison du retard.

Elles subsistent également et il n'y a lieu à aucune augmentation de fret, si la force majeure arrive pendant le voyage.

**241.** Le chargeur peut, pendant l'arrêt du navire, faire décharger ses marchandises à ses frais, à condition de les recharger ou d'indemniser le capitaine.

**242.** Dans le cas de blocus du port pour lequel le navire est destiné, le capitaine est tenu, s'il n'a des ordres contraires, de se rendre dans un des ports voisins de la même puissance où il lui sera permis d'aborder.

**243.** Le navire, les agrès et apparaux, le fret et les marchandises chargées sont respectivement affectés à l'exécution des conventions des parties.

## Titre septième.  Du connaissement.

**244.** Le connaissement doit exprimer la nature et la quantité ainsi que les espèces ou qualités des objets à transporter.

Il indique: Le nom du chargeur, — Le nom et l'adresse de celui à qui l'expédition est faite, — Le nom et le domicile du capitaine, — Le nom et le tonnage du navire, — Le lieu du départ et celui de la destination. — Il énonce le prix du fret. — Il présente en marge les marques et numéros des objets à transporter. — Le connaissement peut être à ordre, ou au porteur, ou à personne dénommée.

**245.** Chaque connaissement est fait en quatre originaux au moins: Un pour le chargeur, — Un pour celui à qui les marchandises sont adressées, — Un pour le capitaine, — Un pour l'armateur du bâtiment.

Les quatre originaux sont signés par le chargeur et par le capitaine, dans les vingt-quatre heures après le chargement.

Le chargeur est tenu de fournir au capitaine, dans le même délai, les acquits des marchandises chargées.

**246.** Le connaissement, rédigé dans la forme ci-dessus prescrite, fait foi entre toutes les parties intéressées au chargement et entre elles et les assureurs.

**247.** En cas de diversité entre les connaissements d'un même chargement, celui qui sera entre les mains du capitaine fera foi, s'il est rempli de la main du chargeur, ou de celle de son commissionnaire; et celui qui est présenté par le chargeur eu le consignataire sera suivi, s'il est rempli de la main du capitaine.

**248.** Tout commissionnaire ou consignataire, qui aura reçu les marchandises montionnées dans les connaissements ou chartes-parties, sera tenu d'en donner reçu au capitaine qui le demandera, à peine de tous dépens, dommages-intérêts, même de ceux de retardement.

## Titre huitième.  Du fret ou nolis.

**249.** Le prix du loyer d'un navire ou autre bâtiment de mer est appelé fret ou nolis.

Il est réglé par les conventions des parties.

Il est constaté par la charte-partie ou par le connaissement.

Il a lieu pour la totalité ou pour partie du bâtiment, pour un voyage entier ou pour un temps limité, au tonneau, au quintal, à forfait ou à cueillette, avec désignation du tonnage du vaisseau.

**250.** Si le navire est loué en totalité et que l'affréteur ne lui donne pas toute sa charge, le capitaine ne peut prendre d'autres marchandises sans le consentement de l'affréteur.

L'affréteur profite du fret des marchandises, qui complètent le chargement du navire qu'il a entièrement affrété.

**251.** L'affréteur qui n'a pas chargé la quantité de marchandises portée par la charte-partie est tenu de payer le fret en entier, et pour le chargement complet auquel il s'est engagé.

S'il en charge davantage, il paie le fret de l'excédant sur le prix réglé par la charte-partie.

Si cependant l'affréteur, sans avoir rien chargé, rompt le voyage avant le départ, il paiera en indemnité, au capitaine, la moitié du fret convenu par la charte-partie pour la totalité du chargement qu'il devait faire.

Si le navire a reçu une partie de son chargement et qu'il parte à non charge, le fret entier sera dû au capitaine.

**252.** Le capitaine qui a déclaré le navire d'un plus grand port qu'il n'est, est tenu des dommages-intérêts envers l'affréteur.

**253.** N'est réputé y avoir erreur en la déclaration du tonnage d'un navire, si l'erreur n'excède un quarantième, ou si la déclaration est conforme au certificat de jauge.

**254.** Si le navire est chargé à cueillette, soit au quintal, au tonneau, ou à forfait, le chargeur peut retirer ses marchandises avant le départ du navire, en payant le demi-fret.

Il supportera les frais de charge, ainsi que ceux de décharge et de rechargement des autres marchandises qu'il faudrait déplacer, et ceux du retardement.

**255.** Le capitaine peut faire mettre à terre, dans le lieu du chargement, les marchandises trouvées dans son navire, si elles ne lui ont point été déclarées, ou en prendre le fret au plus haut prix qui sera payé dans le même lieu pour les marchandises de même nature.

**256.** Le chargeur qui retire ses marchandises pendant le voyage est tenu de payer le fret en entier et tous les frais de déplacement occasionnés par le déchargement; si les marchandises sont retirées pour cause des faits ou des fautes du capitaine, celui-ci est responsable de tous les frais.

**257.** Si le navire est arrêté au départ, pendant la route, ou au lieu de sa décharge, par le fait de l'affréteur, les frais du retardement sont dus par l'affréteur.

Si ayant été frété pour l'aller et le retour, le navire fait son retour sans chargement ou avec un chargement incomplet, le fret entier est dû au capitaine, ainsi que l'intérêt du retardement.

**258.** Le capitaine est tenu des dommages-intérêts envers l'affréteur, si, par son fait, le navire a été arrêté ou retardé au départ, pendant sa route, ou au lieu de sa décharge.

Ces dommages-intérêts sont réglés par des experts.

**259.** Si le capitaine est contraint de faire radouber le navire pendant le voyage, l'affréteur est tenu d'attendre, ou de payer le fret en entier.

Dans le cas où le navire ne pourrait être radoubé, le capitaine est tenu d'en louer un autre.

Si le capitaine n'a pu louer un autre navire, le fret n'est dû qu'à proportion de ce que le voyage est avancé.

**260.** Le capitaine perd son fret, et répond des dommages-intérêts de l'affréteur, si celui-ci prouve que, losque le navire a fait voile, il était hors d'état de naviguer.

La preuve est admissible nonobstant et contre les certificats de visite au départ.

**261.** Le fret est dû pour les marchandises que le capitaine a été contraint de vendre pour subvenir aux victuailles, radoub et autres nécessités pressantes du navire, en tenant par lui compte de leur valeur, au prix que le reste, ou autre pareille marchandise de même qualité, sera vendu, au lieu de la décharge, si le navire arrive à bon port.

Si le navire se perd, le capitaine tiendra compte des marchandises sur le pied qu'il les aura vendues, en retenant également le fret porté aux connaissements; sauf, dans ces deux cas, le droit réservé aux propriétaires de ce navire par le paragraphe 2 de l'article 179.

Lorsque de l'exercice de ce droit résultera une perte pour ceux dont les marchandises auront été vendues ou mises en gage, elle sera répartie au marc le franc sur la valeur de ces marchandises et de toutes celles qui sont arrivées à leur destination ou qui ont été sauvées du naufrage postérieurement aux événements de mer qui ont nécessité la vente ou la mise en gage.

**262.** S'il arrive interdiction de commerce avec le pays pour lequel le navire est en route, et qu'il soit obligé de revenir avec son chargement, il n'est dû au capitaine que le fret de l'aller, quoique le vaisseau ait été affrété pour l'aller et le retour.

**263.** Si le vaisseau est arrêté dans le cours de son voyage par l'ordre d'une puissance, il n'est dû aucun fret pour le temps de sa détention, si le navire est affrété au mois, ni augmentation de fret, s'il est loué au voyage.

La nourriture et les loyers de l'équipage pendant la détention du navire sont réputés avaries.

**264.** Le capitaine est payé du fret des marchandises jetées à la mer pour le salut commun, à la charge de contribution.

**265.** Il n'est dû aucun fret pour les marchandises perdues par naufrage, ou échouement, pillées par des pirates ou prises par les ennemis.

Le capitaine est tenu de restituer le fret qui lui aura été avancé, s'il n'y a convention contraire.

**266.** Si le navire et les marchandises sont rachetés, ou si les marchandises sont sauvées du naufrage, le capitaine est payé du fret jusqu'au lieu de la prise ou du naufrage.

Il est payé du fret entier en contribuant au rachat, s'il conduit les marchandises au lieu de leur destination.

**267.** La contribution pour le rachat se fait sur le prix courant des marchandises au lieu de leur décharge, déduction faite des frais, et sur la moitié du navire et du fret.

Les loyers des matelots n'entrent point en contribution.

**268.** Si le consignataire refuse de recevoir les marchandises, le capitaine peut, par autorité de justice, en faire vendre pour le paiement de son fret, et faire ordonner le dépôt du surplus.

S'il y a insuffisance, il conserve son recours contre le chargeur.

**269.** Le capitaine ne peut retenir les marchandises dans son navire, faute de paiement de son fret; il peut, dans le temps de la décharge, demander le dépôt en mains tierces jusqu'au paiement de son fret.

**270.** Le capitaine est préféré, pour son fret, sur les marchandises de son chargement, pendant quinzaine après leur délivrance, si elles n'ont passé en mains tierces.

**271.** En cas de faillite des chargeurs ou réclamateurs avant l'expiration de la quinzaine, le capitaine est privilégié sur tous les créanciers pour le paiement de son fret et des avaries qui lui sont dues.

**272.** En aucun cas, le chargeur ne peut demander de diminution sur le prix du fret.

**273.** Le chargeur ne peut abandonner pour le fret les marchandises diminuées de prix ou détériorées par leur vice propre ou par cas fortuit.

Si toutefois des futailles contenant vin, huile, miel et autres liquides, ont tellement coulé qu'elles soient vides ou presque vides, lesdites futailles pourront être abandonnées pour le fret.

## Titre neuvième. Des passagers.

**274.** Le contrat du nolis pour le transport de passagers à bord de navires à voile est réglé, à défaut de conventions spéciales, par les dispositions suivantes.

**275.** Dans le cas de rupture du voyage avant le départ du navire: Si le voyage est rompu par la volonté du passager, la moitié du nolis est due au capitaine; — S'il est rompu par la mort, la maladie ou par tout autre cas de force majeure se rapportant au passager, il est dû le quart du nolis, déduction faite des dépenses de nourriture pour la durée présumée du voyage, quand ces dépenses sont comprises dans le prix du nolis; — S'il est rompu par le fait du capitaine, le passager a droit à des dommagesintérêts pour le préjudice éprouvé; — S'il est rompu par cas fortuit ou force majeure se rapportant au navire, le contrat est rompu sans aucune indemnité de part ni d'autre.

**276.** Si le voyage est rompu après le départ du navire: Le passager qui débarque volontairement dans le premier port où le navire aborde, paye le nolis entier. — Le capitaine qui refuse de poursuivre le voyage ou a contraint, par sa faute, le passager à débarquer dans le cours du voyage, est tenu des dommages intérêts pour le préjudice éprouvé. — Si le voyage est rompu par la maladie ou la mort du passager, pour cas fortuit ou de force majeure se rapportant au navire, le nolis est dû en proportion de la partie du voyage accompli.

Aucun nolis n'est dû par les héritiers du passager mort dans un naufrage.

**277.** Si le navire, pour quelque cause que ce soit, ne met pas à la voile le jour fixé pour le départ, le passager a droit à être logé et nourri à bord, pendant le retard, en outre des dommages-intérêts.

Si le retard excède dix jours, le passager peut, en outre, rompre le contrat, et dans ce cas, le nolis lui est restitué en entier.

Si le retard est occasionné par le mauvais temps, le passager ne peut rompre le contrat qu'en perdant le tiers du nolis.

Le cas de mauvais temps est reconnu et déclaré par le capitaine du port ou par celui qui le remplace.

**278.** Le navire nolisé pour le transport des passagers doit les conduire directement au port de destination, sauf le cas de convention contraire.

Si le navire dévie de la route directe ou fait relâche par la volonté ou le fait du capitaine, les passagers continueront à être logés et nourris au frais du navire, en outre des dommages-intérêts qui peuvent leur être dus, et sauf la faculté de rompre le contrat.

**279.** Dans le cas de retard survenu pendant le voyage par arrêt de puissance ou par besoin de réparation: Si le passager ne veut pas attendre que l'arrêt soit levé ou que les réparations soient terminées, il peut rompre le contrat en payant le nolis en proportion de l'avancement du voyage; — S'il préfère attendre la reprise du voyage, il ne doit aucune augmentation de nolis, mais il est tenu de se nourrir à ses frais pendant la durée de l'arrêt ou le temps nécessaire pour les réparations.

**280.** La nourriture du passager dans le voyage est comprise, de plein droit, dans le prix du nolis, s'il n'y a convention contraire.

Dans le cas de cette dernière convention, le capitaine doit fournir, à juste prix, au passager, pendant le voyage, les vivres dont il manque.

**281.** Le transport des voyageurs par navires à vapeur est régi par les lois ou des règlements spéciaux.

## Titre dixième. Des contrats à la grosse.

**282.** Le contrat à la grosse est fait devant notaire ou sous signature privée. Il énonce: Le capital prêté et la somme convenue pour le profit maritime, Les objets sur lesquels le prêt est affecté, — Les noms du navire et du capitaine, — Ceux du prêteur et de l'emprunteur, — Si le prêt a lieu pour un voyage, — Pour quel voyage, et pour quel temps, — L'époque du remboursement.

**283.** Tout prêteur à la grosse, dans la Principauté, est tenu de faire enregistrer son contrat au greffe général, dans les dix jours de la date, à peine de perdre son privilège.

Si le contrat est fait à l'étranger, il est soumis aux formalités prescrites à l'article 197.

**284.** Tout acte de prêt à la grosse peut être négocié par la voie de l'endossement, s'il est à ordre.

En ce cas, la négociation de cet acte a les mêmes effets et produit les mêmes actions en garantie que celle des autres effets de commerce.

**285.** La garantie de paiement ne s'étend pas au profit maritime, à moins que le contraire n'ait été expressément stipulé.

**286.** Les emprunts à la grosse peuvent être affectés: Sur le navire et ses accessoires, — Sur l'armement et les victuailles, — Sur le fret, — Sur le chargement, — Sur le profit espéré du chargement, — Sur la totalité de ces objets conjointement, ou sur une partie déterminée de chacun d'eux.

**287.** Tout emprunt à la grosse, fait pour une somme excédant la valeur des objets sur lesquels il est affecté, peut être déclaré nul, à la demande du prêteur, s'il est prouvé qu'il y a fraude de la part de l'emprunteur.

**288.** S'il n'y a fraude, le contrat est valable jusqu'à la concurrence de la valeur des effets affectés à l'emprunt, d'après l'estimation qui en est faite ou convenue.

**289.** Le surplus de la somme empruntée est remboursé avec intérêt au cours de la place.

**290.** Nul prêt à la grosse ne peut être fait aux matelots ou gens de mer sur leurs loyers ou voyages.

**291.** Le navire, les agrès et les apparaux, l'armement et les victuailles, même le fret acquis, sont affectés par privilège au capital et intérêts de l'argent donné à la grosse sur le corps et quille du vaisseau.

Le chargement est également affecté au capital et intérêts de l'argent donné à la grosse sur le chargement.

Si l'emprunt a été fait sur un objet particulier du navire ou du chargement, le privilège n'a lieu que sur l'objet, et dans la proportion de la quotité affectée à l'emprunt.

**292.** Un emprunt à la grosse fait par le capitaine dans le lieu de la demeure des propriétaires du navire, sans leur autorisation authentique ou leur intervention dans l'acte, ne donne action et privilège que sur la portion que le capitaine peut avoir au navire et au fret.

**293.** Sont affectées aux sommes empruntées, même dans le lieu de la demeure des intéressés, pour radoub et victuailles, les parts et portions des propriétaires qui n'auraient pas fourni leur contingent pour mettre le bâtiment en état, dans les vingt-quatre heures de la sommation qui leur en sera faite.

**294.** Les emprunts faits pour le dernier voyage du navire sont remboursés par préférence aux sommes prêtées pour un précédent voyage, quand même il serait déclaré qu'elles sont laissées par continuation ou renouvellement.

Les sommes empruntées pendant le voyage sont préférées à celles qui auraient été empruntées avant le départ du navire; et s'il y a plusieurs emprunts faits pendant le même voyage, le dernier emprunt sera toujours préféré à celui qui l'aura précédé.

**295.** Le prêteur à la grosse sur marchandises chargées dans un navire désigné au contrat ne supporte pas la perte des marchandises, même par fortune de mer, si elles ont été chargées sur un autre navire, à moins qu'il ne soit légalement constaté que ce chargement a eu lieu par force majeure.

**296.** Si les effets sur lesquels le prêt à la grosse a eu lieu sont entièrement perdus, et que la perte soit arrivée par cas fortuit, dans le temps et dans le lieu des risques, la somme prêtée ne peut être réclamée.

**297.** Les déchets, diminutions et pertes qui arrivent par le vice propre de la chose, et les dommages causés par le fait de l'emprunteur, ne sont point à la charge du prêteur.

**298.** En cas de naufrage, le paiement des sommes empruntées à la grosse est réduit à la valeur des effets sauvés et affectés au contrat, déduction faite des frais de sauvetage.

**299.** Si le temps des risques n'est point déterminé par le contrat, il court, à l'égard du navire, des agrès, apparaux, armement et victuailles, du jour que le navire a fait voile, jusqu'au jour où il est ancré ou amarré au port ou lieu de sa destination.

A l'égard des marchandises, le temps des risques court du jour qu'elles ont été chargées dans le navire, ou dans les gabares pour les y porter, jusqu'au jour où elles sont délivrées à terre.

**300.** Celui qui emprunte à la grosse sur des marchandises n'est point libéré par la perte du navire et du chargement, s'il ne justifie qu'il y avait, pour son compte, des effets jusqu'à la concurrence de la somme empruntée.

**301.** Les prêteurs à la grosse contribuent, à la décharge des emprunteurs, aux avaries communes.

Les avaries simples sont aussi à la charge des prêteurs, s'il n'y a convention contraire.

**302.** S'il y a contrat à la grosse et assurance sur le même navire ou sur le même chargement, le produit des effets sauvés du naufrage est partagé entre le prêteur à la grosse, pour son capital seulement, et l'assureur, pour les sommes assurées, au marc le franc de leur intérêt respectif, sans préjudice des privilèges établis à l'article 154.

# Titre onzième. Des assurances.

## Section première. Du contrat d'assurance, de sa forme et de son objet.

**303.** Le contrat d'assurance et rédigé par écrit: Il est daté du jour auquel il est souscrit. — Il y est énoncé si c'est avant ou après-midi. — Il peut être fait sous signature privée. — Il ne peut contenir aucun blanc. — Il exprime: — Le nom et le domicile de celui qui fait assurer, sa qualité de propriétaire ou de commissionnaire, — Le nom et la désignation du navire, — Le nom du capitaine, — Le lieu où les marchandises ont été ou doivent être chargées, — Le port d'où ce navire a dû ou doit partir, — Les ports ou rades dans lesquels il doit charger ou décharger, — Ceux dans lesquels il doit entrer, — Le nature et la valeur ou l'estimation des marchandises ou objets que l'on fait assurer, — Les temps auxquels les risques doivent commencer et finir, — La somme assurée, — La prime ou le coût de l'assurance, — La soumission des parties à des arbitres, en cas de contestation, si elle a été convenue, — Et généralement toutes les autres conditions dont les parties sont convenes.

**304.** La même police peut contenir plusieurs assurances, soit à raison des marchandises, soit à raison du taux de la prime, soit à raison de différents assureurs.

**305.** Toute personne intéressée peut assurer: le navire et ses accessoires, les frais d'armement, les victuailles, les loyers des gens de mer, le fret, les sommes prêtées à la grosse et le profit maritime, les marchandises chargées à bord et le profit espéré de ces marchandises, le coût de l'assurance, et, généralement, toutes choses estimables à prix d'argent, sujettes aux risques de la navigation.

Néanmoins, l'armateur ne peut assurer cumulativement, d'une part, l'entier montant du fret, et, d'autre part, les frais d'armement, les victuailles, les loyers des gens de mer, le coût de l'assurance et autres dépenses de l'expédition. Il est également interdit au chargeur d'assurer cumulativement l'entier profit espéré et les dépenses accessoires du chargement; au prêteur à la grosse, d'assurer cumulativement le profit maritime et les frais accessoires du prêt.

Dans tous les cas d'assurances cumulatives, s'il y a eu dol ou fraude de la part de l'assuré, l'assurance est nulle à l'égard de l'assuré seulement; s'il n'y a eu ni dol ni fraude, l'assurance sera réduite de toute la valeur de l'objet deux fois assuré. S'il y a eu deux ou plusieurs assurances successives, la réduction portera sur la plus récente.

**306.** L'assurance peut être faite sur le tout ou sur une partie desdits objets ou conjointement ou séparément.

Elle peut être faite en temps de paix ou en temps de guerre, avant ou pendant le voyage du vaisseau.

Elle peut être faite pour l'aller et le retour, ou seulement pour l'un des deux, pour le voyage entier, ou pour un temps limité, pour tous voyages et transports par mer, rivières et canaux navigables.

**307.** En cas de fraude dans l'estimation des effets assurés, en cas de supposition ou de falsification, l'assureur peut faire procéder à la vérification et estimation des objets, sans préjudice de toutes autres poursuites, soit civiles, soit criminelles.

**308.** Les chargements faits aux échelles du Levant, aux côtes d'Afrique et autres parties du monde, pour l'Europe, peuvent être assurés, sur quelque navire qu'ils aient lieu, sans désignation du navire ni du capitaine.

Les marchandises elles-mêmes peuvent, en ce cas, être assurées sans désignation de leur nature et espèce.

Mais la police doit indiquer celui à qui l'expédition est faite ou doit être consignée, s'il n'y a convention contraire dans la police d'assurance.

**309.** Tout effet, dont le prix est stipulé dans le contrat en monnaie étrangère, est évalué aux prix que la monnaie stipulée vaut en monnaie de France, suivant le cours à l'époque de la signature de la police.

**310.** Si la valeur des marchandises n'est point fixée par le contrat, elle peut être justifiée par les factures ou par les livres; à défaut, l'estimation en est faite suivant le prix courant au temps et au lieu du chargement, y compris tous les droits payés et les frais faits jusqu'à bord.

**311.** Si l'assurance est faite sur le retour d'un pays où le commerce ne se fait que par troc, et que l'estimation des marchandises ne soit pas faite par la police, elle sera réglée sur le pied de la valeur de celles qui ont été données en échange, en y joignant les frais de transport.

**312.** Si le contrat d'assurance ne règle point le temps des risques, les risques commencent et finissent dans le temps réglé par l'article 299 pour les contrats à la grosse.

**313.** L'assureur peut faire réassurer par d'autres les effets qu'il a assurés. L'assuré peut faire assurer le coût de l'assurance.

La prime de réassurance peut être moindre ou plus forte que celle de l'assurance.

**314.** L'augmentation de prime qui aura été stipulée en temps de paix, pour le temps de guerre qui pourrait survenir, et dont la quotité n'aura pas été déterminée, par les contrats d'assurance, est réglée par le tribunal, en ayant égard aux risques, aux circonstances et aux stipulations de chaque police d'assurance.

**315.** En cas de perte des marchandises assurées et chargées pour le compte du capitaine sur le vaisseau qu'il commande, le capitaine est tenu de justifier aux assureurs l'achat des marchandises, et d'en fournir un connaissement signé par deux des principaux de l'équipage.

**316.** Tout homme de l'équipage et tout passager qui apportent des pays étrangers des marchandises assurées dans la Principauté, sont tenus d'en laisser un connaissement dans les lieux où le chargement s'effectue, entre les mains du Consul de Monaco, et, à défaut, entre les mains d'un Monégasque notable négociant, ou du magistrat du lieu.

**317.** Si l'assureur tombe en faillite lorsque le risque n'est pas encore fini, l'assuré peut demander caution, ou la résiliation du contrat.

L'assureur a le même droit en cas de faillite de l'assuré.

**318.** Le contrat d'assurance est nul s'il a pour objet les sommes empruntées à la grosse.

**319.** Toute réticence, toute fausse déclaration de la part de l'assuré, toute différence entre le contrat d'assurance et le connaissement, qui diminueraient l'opinion du risque ou en changeraient le sujet, annulent l'assurance.

L'assurance est nulle même dans le cas où la réticence, la fausse déclaration ou la différence, n'auraient pas influé sur le dommage ou la perte de l'objet assuré.

## Section II.   Des obligations de l'assureur et de l'assuré.

**320.** Si le voyage est rompu avant le départ du vaisseau, même par le fait de l'assuré, l'assurance est annulée; l'assureur reçoit, à titre d'indemnité, demi-pour cent de la somme assurée.

**321.** Sont aux risques des assureurs, toutes pertes et dommages qui arrivent aux objets assurés, par tempête, naufrage, échouement, abordage fortuit, changements forcés de route, de voyage ou de vaisseau, par jet, feu, prise, pillage, arrêt par ordre de puissance, déclaration de guerre, représailles, et généralement par toutes les autres fortunes de mer.

**322.** Tout changement de route, de voyage ou de vaisseau, et toutes pertes et dommages provenant du fait de l'assuré, ne sont point à la charge de l'assureur; et même la prime lui est acquise, s'il a commencé à courir les risques.

**323.** Les déchets, diminutions et pertes qui arrivent par le vice propre de la chose, et les dommages causés par le fait et faute des propriétaires, affréteurs ou chargeurs, ne sont point à la charge des assureurs.

**324.** L'assureur n'est point tenu des prévarications et fautes du capitaine et de l'équipage, connues sous le nom de baraterie de patron, s'il n'y a convention contraire.

**325.** L'assureur n'est point tenu du pilotage, touage et lamanage, ni d'aucune espèce de droits imposés sur le navire et les marchandises.

**326.** Il sera fait désignation, dans la police, des marchandises sujettes, par leur nature, à détérioration particulière ou diminution, comme blés ou sels, ou marchandises susceptibles de coulage; sinon les assureurs ne répondront point des dommages ou pertes qui pourraient arriver à ces mêmes denrées, si ce n'est toutefois que l'assuré eût ignoré la nature du chargement, lors de la signature de la police.

**327.** Si l'assurance a pour objet des marchandises pour l'aller et le retour, et si, le vaisseau étant parvenu à sa première destination, il ne se fait point de chargement en retour, ou si le chargement en retour n'est pas complet, l'assureur reçoit seulement les deux tiers proportionnels de la prime convenue, s'il n'y a stipulation contraire.

**328.** Un contrat d'assurance ou de réassurance consenti pour une somme excédant la valeur des effets chargés est nul à l'égard de l'assuré seulement, s'il est prouvé qu'il y a dol ou fraude de sa part.

**329.** S'il n'y a ni dol, ni fraude, le contrat est valable jusqu'à concurrence de la valeur des effets chargés, d'après l'estimation qui en est faite ou convenue.

En cas de pertes, les assureurs sont tenus d'y contribuer chacun à proportion des sommes par eux assurées.

Ils ne reçoivent pas la prime de cet excédant de valeur, mais seulement l'indemnité de demi pour cent.

**330.** S'il existe plusieurs contrats d'assurance faits sans fraude sur le même chargement, et que le premier contrat assure l'entière valeur des effets chargés, il subsistera seul.

Les assureurs qui ont signé les contrats subséquents sont libérés; ils ne reçoivent que demi pour cent de la somme assurée.

Si l'entière valeur des effets chargés n'est pas assurée par le premier contrat, les assureurs qui ont signé les contrats subséquents répondent de l'excédant, en suivant l'ordre de la date des contrats.

**331.** S'il y a des effets chargés pour le montant des sommes assurées, en cas de perte d'une partie, elle sera payée par tous les assureurs de ces effets, au marc le franc de leur intérêt.

**332.** Si l'assurance a lieu divisément pour des marchandises qui doivent être chargées sur plusieurs vaisseaux désignés, avec énonciation de la somme assurée sur chacun, et si le chargement entier est mis sur un seul vaisseau, ou sur un moindre nombre qu'il n'en est désigné dans le contrat, l'assureur n'est tenu que de la somme qu'il a assurée sur le vaisseau ou sur les vaisseaux qui ont reçu le chargement, nonobstant la perte de tous les vaisseaux désignés: et il recevra néanmoins demi pour cent des sommes dont les assurances se trouvent annulées.

**333.** Si le capitaine a la liberté d'entrer dans différents ports pour compléter ou échanger son chargement, l'assureur ne court les risques des effets assurés que lorsqu'ils sont à bord, s'il n'y a convention contraire.

**334.** Si l'assurance est faite pour un temps limité, l'assureur est libre après l'expiration du temps, et l'assuré peut faire assurer les nouveaux risques.

**335.** L'assureur est déchargé des risques, et la prime lui est acquise, si l'assuré envoie le vaisseau en un lieu plus éloigné que celui qui est désigné par le contrat, quoique sur la même route.

L'assurance a son entier effet, si le voyage est raccourci.

**336.** Toute assurance faite après la perte ou l'arrivée des objets assurés est nulle, s'il y a présomtion qu'avant la signature du contrat, l'assuré a pu être informé de la perte, ou l'assureur de l'arrivée des objets assurés.

**337.** La présomption existe, si, en comptant trois quarts de myriamètre par heure, sans préjudice des autres preuves, il est établi que de l'endroit de l'arrivée ou de la perte du vaisseau, ou du lieu où la première nouvelle en est arrivée, elle a pu être portée dans le lieu où le contrat d'assurance a été passé, avant la signature du contrat.

**338.** Si cependant l'assurance est faite sur bonnes ou mauvaises nouvelles, la présomption mentionnée dans les articles précédents n'est point admise.

Le contrat n'est annulé que sur la preuve que l'assuré savait la perte, ou l'assureur l'arrivée du navire, avant la signature du contrat.

**339.** En cas de preuve contre l'assuré, celui-ci paie à l'assureur une double prime.

En cas de preuve contre l'assureur, celui-ci paie à l'assuré une somme double de la prime convenue.

Celui d'entre eux contre qui la preuve est faite est poursuivi correctionnellement.

## Section III. Du délaissement.

**340.** Le délaissement des objets assurés peut être fait: En cas de prise; — De naufrage; — D'échouement avec bris; — D'innavigabilité par fortune de mer; — En cas d'arrêt d'une puissance étrangère; — En cas de perte ou détérioration des effets assurés, si la détérioration ou la perte va au moins à trois quarts.

Il peut être fait, en cas d'arrêt de la part du gouvernement, après le voyage commencé.

**341.** Il ne peut être fait avant le voyage commencé.

**342.** Tous les autres dommages sont réputés avaries et se règlent, entre les assureurs et les assurés, à raison de leurs intérêts.

**343.** Le délaissement des objets assurés ne peut être partiel ni conditionnel. Il ne s'étend qu'aux effets qui sont l'objet de l'assurance et du risque.

**344.** Le délaissement doit être fait aux assureurs dans le terme de six mois, à partir du jour de la réception de la nouvelle de la perte arrivée aux ports ou côtes d'Europe, ou sur celles d'Asie et d'Afrique, dans la Méditerranée, ou bien, en cas de prise, de la réception de celle de la conduite du navire dans l'un des ports ou lieux situés aux côtes ci-dessus mentionnées; — Dans le délai d'un an après la réception de la nouvelle ou de la perte arrivée, ou de la prise conduite en Afrique en deça du cap de Bonne-Espérance, ou en Amérique en deça du cap Horn; — Dans le délai de dix-huit mois après la nouvelle des pertes arrivées ou des prises conduites dans toutes les autres parties du monde.

Et, ces délais passés, les assurés ne seront plus recevables à faire le délaissement.

**345.** Dans le cas où le délaissement peut être fait, et dans le cas de tous autres accidents aux risques des assureurs, l'assuré est tenu de signifier à l'assureur les avis qu'il a reçus.

La signification doit être faite dans les trois jours de la réception de l'avis.

**346.** Si, après six mois expirés, à compter du jour du départ du navire ou du jour auquel se rapportent les dernières nouvelles reçues, pour les voyages ordinaires; après un an, pour les voyages de long cours, l'assuré déclare n'avoir reçu aucune nouvelle de son navire, il peut faire le délaissement à l'assureur et demander le paiement de l'assurance, sans qu'il soit besoin d'attestation de la perte.

Après l'expiration de six mois ou de l'an, l'assuré a, pour agir, les délais établis par l'article 344.

**347.** Dans le cas d'une assurance pour temps limité, après l'expiration des délais établis comme ci-dessus, pour les voyages ordinaires et pour ceux de long cours, la perte du navire est présumée arrivée dans le temps de l'assurance.

**348.** Sont réputés voyages de long cours ceux qui se font au-delà des limites ci-après déterminées: Au sud, le 30e degré de latitude nord; — Au nord, le 72e degré de latitude nord; — A l'ouest, le 15e degré de longitude du méridien de Paris; — A l'est, le 44e degré de longitude du méridien de Paris.

**349.** L'assuré peut, par la signification mentionnée en l'article 345, ou faire le délaissement avec sommation à l'assureur de payer la somme assurée dans le délai fixé par le contrat, ou se réserver de faire le délaissement dans les délais fixés par la loi.

**350.** L'assuré est tenu, en faisant le délaissement, de déclarer toutes les assurances qu'il a faites ou fait faire, même celles qu'il a ordonnées et l'argent qu'il a pris à la grosse, soit sur le navire, soit sur les marchandises, faute de quoi, le délai de paiement, qui doit commencer à courir du jour du délaissement, sera suspendu jusqu'au jour où il fera notifier ladite déclaration, sans qu'il en résulte aucune prorogation du délai établi pour former l'action en délaissement.

**351.** En cas de déclaration frauduleuse, l'assuré est privé des effets de l'assurance; il est tenu de payer les sommes empruntées, nonobstant la perte ou la prise du navire.

**352.** En cas de naufrage ou d'échouement avec bris, l'assuré doit, sans préjudice du délaissement à faire en temps et lieu, travailler au recouvrement des effets naufragés.

Sur son affirmation, les frais de recouvrement lui sont alloués jusqu'à concurrence de la valeur des effets recouvrés.

**353.** Si l'époque du paiement n'est point fixée par le contrat, l'assureur est tenu de payer l'assurance trois mois après la signification du délaissement.

**354.** Les actes justificatifs du chargement et de la perte sont signifiés à l'assureur avant qu'il puisse être poursuivi pour le paiement des sommes assurées.

**355.** L'assureur est admis à la preuve des faits contraires à ceux qui sont consignés dans les attestations.

L'admission à la preuve ne suspend pas les condamnations de l'assureur au paiement provisoire de la somme assurée, à la charge par l'assuré de donner caution.

L'engagement de la caution est éteint, après quatre années révolues, s'il n'y a pas eu de poursuite.

**356.** Le délaissement signifié et accepté ou jugé valable, les effets assurés appartiennent à l'assureur, à partir de l'époque du délaissement.

L'assureur ne peut, sous prétexte du retour du navire, se dispenser de payer la somme assurée.

**357.** En cas d'arrêt de la part d'une puissance, l'assuré est tenu de faire la signification à l'assureur, dans les trois jours de la réception de la nouvelle.

**358.** Le délaissement des objets arrêtés ne peut être fait qu'après un délai de six mois de la signification, si l'arrêt a eu lieu dans les mers d'Europe, dans la Méditerranée ou dans la Baltique;

Qu'après le délai d'un an, si l'arrêt a eu lieu en pays plus éloigné.

Ces délais ne courent que du jour de la signification de l'arrêt.

Dans le cas où les marchandises arrêtées seraient périssables, les délais ci-dessus mentionnés sont réduits à un mois et demi pour le premier cas, et à trois mois pour le second cas.

**359.** Pendant les délais portés par l'article précédent, les assurés sont tenus de faire toutes diligences qui peuvent dépendre d'eux, à l'effet d'obtenir la main-levée des effets arrêtés.

Pourront, de leur côté, les assureurs, ou de concert avec les assurés, ou séparément, faire toutes démarches à même fin.

**360.** Le délaissement à titre d'innavigabilité[1] ne peut être fait, si le navire échoué peut être relevé, réparé, et mis en état de continuer sa route pour le lieu de sa destination.

Dans ce cas, l'assuré conserve son recours sur les assureurs, pour les frais et avaries occasionnés par l'échouement.

**361.** Si le navire a été déclaré innavigable, l'assuré sur le chargement est tenu d'en faire la notification dans le délai de trois jours de la réception de la nouvelle.

**362.** Le capitaine est tenu, dans ce cas, de faire toutes diligences pour se procurer un autre navire, à l'effet de transporter les marchandises au lieu de leur destination.

**363.** L'assureur court les risques des marchandises chargées sur un autre navire, dans le cas prévu par l'article précédent, jusqu'à leur arrivée et leur déchargement.

**364.** L'assureur est tenu, en outre, des avaries, frais de déchargement, magasinage, rembarquement, de l'excédant du fret, et de tous autres frais qui auront été faits pour sauver les marchandises, jusqu'à concurrence de la somme assurée.

**365.** Si, dans les délais prescrits par l'article 358, le capitaine n'a pu trouver de navire pour recharger les marchandises et les conduire au lieu de leur destination, l'assuré peut en faire le délaissement.

**366.** En cas de prise, si l'assuré n'a pu en donner avis à l'assureur, il peut racheter les effets sans attendre son ordre.

L'assuré est tenu de signifier à l'assureur la composition qu'il aura faite, aussitôt qu'il en aura les moyens.

**367.** L'assureur a le choix de prendre la composition à son compte, ou d'y renoncer; il est tenu de notifier son choix à l'assuré, dans les vingt-quatre heures qui suivent la signification de la composition.

S'il déclare prendre la composition à son profit, il est tenu de contribuer, sans délai, au paiement du rachat dans les termes de la convention et à proportion de son intérêt; et il continue de courir les risques du voyage, conformément au contrat d'assurance.

S'il déclare renoncer au profit de la composition, il est tenu au paiement de la somme assurée, sans pouvoir rien prétendre aux effets rachetés.

Lorsque l'assureur n'a pas notifié son choix dans le délai susdit, il est censé avoir renoncé au profit de la composition.

## Titre douzième. Des avaries.

**368.** Toutes dépenses extraordinaires faites pour le navire et les marchandises, conjointement ou séparément, tout dommage qui arrive au navire et aux marchandises, depuis leur chargement et départ jusqu'à leur retour et déchargement, sont réputés avaries.

**369.** A défaut de conventions spéciales entre toutes les parties, les avaries sont réglées conformément aux dispositions ci-après.

**370.** Les avaries sont de deux classes, avaries grosses ou communes et avaries simples ou particulières.

**371.** Sont avaries communes: 1° Les choses données par composition[2] et à titre de rachat du navire et des machandises; — 2° Celles qui sont jetées à la mer; — 3° Les câbles ou mâts rompus ou coupés; — 4° Les ancres et autres effets aban-

---

[1] Comme dans le droit français (Code de Commerce art. 389) l'innavigabilité absolue se distingue de l'innavigabilité relative. — [2] P. e. si le navire a été pris par un corsaire.

donnés pour le salut commun; — 5° Les dommages occasionnés par le jet aux marchandises restées dans le navire; — 6° Les pansement et nourriture des matelots blessés en défendant le navire, — les loyer et nourriture des matelots pendant la détention, quand le navire est arrêté en voyage par ordre d'une puissance, et pendant les réparations des dommages volontairement soufferts pour le salut commun, si le navire est affrété au mois; — 7° Les frais du déchargement pour alléger le navire et entrer dans un havre ou dans une rivière, quand le navire est contraint de le faire par tempête ou par la poursuite de l'ennemi; — 8° Les frais faits pour remettre à flot le navire échoué dans l'intention d'éviter la perte totale ou la prise; — Et, en général, les dommages soufferts volontairement et les dépenses faites d'après délibérations motivées, pour le bien et salut commun du navire et des marchandises, depuis leur chargement et départ jusqu'à leur retour et déchargement.

**372.** Les avaries communes sont supportées par les marchandises, et par la moitié du navire et du fret, au marc le franc de la valeur[1].

**373.** Le prix des marchandises est établi par leur valeur au lieu du déchargement.

**374.** Sont avaries particulières: 1° Le dommage arrivé aux marchandises par leur vice propre, par tempête, prise, naufrage ou échouement; — 2° Les frais faits pour les sauver; — 3° La perte des câbles, ancres, voiles, mâts, cordages, causée par tempête ou autre accident de mer; — Les dépenses résultant de toutes relâches occasionnées soit par la perte fortuite de ces objets, soit par le besoin de ravitaillement, soit par voie d'eau à réparer; — 4° La nourriturele loyer des matelots pendant la détention, quand le navire est arrêté en voyage par ordre d'une puissance, et pendant les réparations qu'on est obligé d'y faire, si le navire est affrété au voyage; — 5° La nourriture et le loyer des matelots pendant la quarantaine, que le navire soit loué au voyage ou au mois; — Et, en général, les dépenses faites et le dommage souffert pour le navire seul, ou pour les marchandises seules, depuis leur chargement et départ jusqu'à leur retour et déchargement.

**375.** Les avaries particulières sont supportées et payées par le propriétaire de la chose qui a essuyé le dommage ou occasionné la dépense.

**376.** Les dommages arrivés aux marchandises, faute par le capitaine d'avoir bien fermé les écoutilles, amarré le navire, fourni de bons guindages et par tous autres accidents provenant de la négligence du capitaine ou de l'équipage, sont également des avaries particulières supportées par le propriétaire des marchandises, mais pour lesquelles il a son recours contre le capitaine, le navire et le fret.

**377.** Les lamanages, touages, pilotages, pour entrer dans les havres ou rivières, ou pour en sortir, les droits de congés, visites, rapports, tonnes, balises, ancrages et autres droits de navigation, ne sont point avaries; mais ils sont de simples frais à la charge du navire.

**378.** En cas d'abordage de navires[2], si l'événement a été purement fortuit, le dommage est supporté, sans répétition, par celui des navires qui l'a éprouvé.

Si l'abordage a été fait par la faute de l'un des capitaines, le dommage est payé par celui qui l'a causé.

S'il y a doute dans les causes de l'abordage, le dommage est réparé à frais communs, et par égale portion par les navires qui l'ont fait et souffert.

Dans ces deux derniers cas, l'estimation du dommage est faite par experts.

**379.** Une demande pour avaries n'est point recevable, si l'avarie commune n'excède pas un pour cent de la valeur cumulée du navire et des marchandises, et si l'avarie particulière n'excède pas aussi un pour cent de la valeur de la chose endommagée.

**380.** La clause «franc d'avaries» affranchit les assureurs de toutes avaries, soit communes, soit particulières, excepté dans les cas qui donnent ouverture au délaissement; et, dans ces cas, les assurés ont l'option entre le délaissement et l'exercice d'action d'avarie.

## Titre treizième. Du jet et de la contribution.

**381.** Si, par tempête ou par la chasse de l'ennemi, le capitaine se croit obligé, pour le salut du navire, de jeter en mer une partie de son chargement, de couper ses mâts ou d'abandonner ses ancres, il prend l'avis des intéressés au chargement qui se trouvent dans le vaisseau, et des principaux de l'équipage.

---

[1]) Voir l'article 264. — [2]) Cet article s'applique aussi au cas où un navire de l'État aborde un navire marchand ou réciproquement.

S'il y a diversité d'avis, celui du capitaine et des principaux de l'équipage est suivi.

382. Les choses les moins nécessaires, les plus pesantes et de moindre prix, sont jetées les premières, et ensuite les marchandises du premier pont, au choix du capitaine, et par l'avis des principaux de l'équipage.

383. Le capitaine est tenu de rédiger par écrit la délibération, aussitôt qu'il en a les moyens.

La délibération exprime: Les motifs qui ont déterminé le jet; Les objets jetés ou endommagés.

Elle présente la signature des délibérants, ou les motifs de leur refus de signer.

Elle est transcrite sur le registre.

384. Au premier port où le navire abordera, le capitaine est tenu, dans les vingt-quatre heures de son arrivée, d'affirmer les faits contenus dans la délibération transcrite sur le registre.

385. L'état des pertes et dommages est fait dans le lieu du déchargement du navire, à la diligence du capitaine et par experts.

Les experts sont nommés par le tribunal de première instance.

Ils sont nommés par le consul de Monaco et à son défaut, par le magistrat du lieu, si la décharge se fait dans un port étranger.

Les experts prêtent serment avant d'opérer.

386. Les marchandises jetées sont estimées suivant le prix courant du lieu du déchargement; leur qualité est constatée par la production des connaissements et des factures, s'il y en a.

387. Les experts nommés en vertu de l'article précédent font la répartition des pertes et dommages.

La répartition est rendue exécutoire par l'homologation du Tribunal.

Dans les ports étrangers, la répartition est rendue exécutoire par le consul de Monaco, ou à son défaut, par tout tribunal compétent sur les lieux.

388. La répartition pour le paiement des pertes et dommages est faite sur les effets jetés et sauvés, et sur moitié du navire et du fret, à proportion de leur valeur au lieu du déchargement.

389. Si la qualité des marchandises a été déguisée par le connaissement, et qu'elles se trouvent d'une plus grande valeur, elles contribuent sur le pied de leur estimation, si elles sont sauvées.

Elles sont payées d'après la qualité désignée par le connaissement, si elles sont perdues.

Si les marchandises déclarées sont d'une qualité inférieure à celle qui est indiquée par le connaissement, elles contribuent d'après la qualité indiquée par le connaissement, si elles sont sauvées.

Elles sont payées sur le pied de leur valeur, si elles sont jetées ou endommagées.

390. Les munitions de guerre et de bouche, et les hardes des gens de l'équipage, ne contribuent point au jet; la valeur de celles qui auront été jetées sera payée par contribution sur tous les autres effets.

391. Les effets dont il n'y a pas de connaissement ou déclaration du capitaine ne sont pas payés, s'ils sont jetés; ils contribuent, s'ils sont sauvés.

392. Les effets chargés sur le tillac du navire contribuent s'ils sont sauvés.

S'ils sont jetés ou endommagés par le jet, le propriétaire n'est point admis à former une demande en contribution; il ne peut exercer son recours que contre le capitaine.

393. Il n'y a lieu à contribution, pour raison du dommage arrivé au navire, que dans le cas où le dommage a été fait pour faciliter le jet.

394. Si le jet ne sauve le navire, il n'y a lieu à aucune contribution.

Les marchandises sauvées ne sont point tenues du paiement ni du dédommagement de celles qui ont été jetées ou endommagées.

395. Si le jet sauve le navire, et si le navire, en continuant sa route, vient à à se perdre,

Les effets sauvés contribuent au jet sur le pied le leur valeur en l'état où ils se trouvent, déduction faite des frais de sauvetage.

396. Les effets jetés ne contribuent en aucun cas au paiement des dommages arrivés, depuis le jet, aux marchandises sauvées.

Les marchandises ne contribuent point au paiement du navire perdu, ou réduit à l'état d'innavigabilité.

**397.** Si, en vertu d'une délibération[1], le navire a été ouvert pour en extraire les marchandises, elles contribuent à la réparation du dommage causé au navire.

**398.** En cas de perte des marchandises mises dans les barques pour alléger le navire entrant dans un port ou une rivière, la répartition en est faite sur le navire et son chargement en entier.

Si le navire périt avec le reste de son chargement, il n'est fait aucune répartition sur les marchandises mises dans les allèges, quoiqu'elles arrivent à bon port.

**399.** Dans tous les cas ci-dessus exprimés, le capitaine et l'équipage sont privilégiés sur les marchandises ou le prix en provenant, pour le montant de la contribution.

**400.** Si, depuis la répartition, les effets jetés sont recouvrés par les propriétaires, ils sont tenus de rapporter au capitaine et aux intéressés ce qu'ils ont reçu dans la contribution, déduction faite des dommages causés par le jet et des frais de recouvrement.

## Titre quatorzième. Des prescriptions.

**401.** Le capitaine ne peut acquérir la propriété du navire par voie de prescription.

**402.** L'action en délaissement est prescrite dans les délais exprimés par l'art. 344.

**403.** Toute action dérivant d'un contrat à la grosse, ou d'une police d'assurance, est prescrite après cinq ans, à compter de la date du contrat.

**404.** Sont prescrites: Toutes actions en paiement, pour fret du navire, gages et loyer des officiers, matelots et autres gens de l'équipage, un an après le voyage fini; — Pour nourriture fournie aux matelots par l'ordre du capitaine, un an après la livraison; — Pour fournitures de bois et autres choses nécessaires aux constructions, équipement et avitaillement du navire, un an après ces fournitures faites; — Pour salaire d'ouvriers et pour ouvrages faits, un an après la réception des ouvrages; — Toute demande en délivrance de marchandises, un an après l'arrivée du navire.

**405.** La prescription ne peut avoir lieu, s'il y a cédule, obligation, arrêté de compte ou interpellation judiciaire.

## Titre quinzième. Fins de non-recevoir.

**406.** Sont non-recevables; — Toutes actions contre le capitaine et les assureurs, pour dommage arrivé à la marchandise, si elle a été reçue sans protestation; — Toutes actions contre l'affréteur, pour avaries, si le capitaine a livré les marchandises et reçu son fret, sans avoir protesté; — Toutes actions en indemnité pour dommages causés par l'abordage dans un lieu où le capitaine a pu agir, s'il n'a point fait de réclamation.

**407.** Ces protestations et réclamations sont nulles si elles ne sont faites et signifiées dans les vingt-quatre heures, et si, dans le mois de leur date, elles ne sont suivies d'une demande en justice.

---

# Livre troisième. Des faillites et banqueroutes.

## Titre premier. De la faillite.

### Dispositions générales.

**408.** Tout commerçant[2] qui cesse ses paiements est en état de faillite.

La faillite d'un commerçant peut être déclarée après son décès, lorsqu'il est mort en état de cessation de paiements.

La déclaration de la faillite ne pourra être, soit prononcée d'office, soit demandée par les créanciers, que dans l'année qui suivra le décès.

## Chapitre premier. De la déclaration de la faillite et de ses effets.

**409.** Tout failli sera tenu, dans les trois jours de la cessation de ses paiements, d'en faire la déclaration au greffe général. Le jour de la cessation de paiements sera compris dans les trois jours.

---

[1]) Comp. art. 381 et 383. — [2]) La cessation des paiements d'un non-commerçant est appelée déconfiture et n'est pas soumise aux dispositions de la présente loi.

En cas de faillite d'une société en nom collectif, la déclaration contiendra le nom et l'indication du domicile de chacun des associés solidaires.

**410.** La déclaration du failli devra être accompagnée du dépôt du bilan, ou contenir l'indication des motifs qui empêcheraient le failli de le déposer. Le bilan contiendra l'énumération et l'évaluation de tous les biens mobiliers et immobiliers du débiteur, l'état des dettes actives et passives, le tableau des profits et pertes, le tableau des dépenses; il devra être certifié véritable, daté et signé par le débiteur.

**411.** La faillite est déclarée par jugement du tribunal de première instance, rendu, soit sur la déclaration du failli, soit à la requête d'un ou plusieurs créanciers, soit d'office. Ce jugement sera exécutoire provisoirement.

**412.** Par le jugement déclaratif de la faillite, ou par jugement ultérieur rendu sur le rapport du juge-commissaire, le tribunal déterminera, soit d'office, soit sur la poursuite de toute partie intéressée, l'époque à laquelle a eu lieu la cessation de paiements.

A défaut de détermination spéciale, la cessation de paiements sera réputée avoir eu lieu à partir du jugement déclaratif de la faillite.

**413.** Les jugements rendus en vertu des deux articles précédents seront affichés et insérés par extrait dans le *Journal de Monaco*.

**414.** Le jugement déclaratif de la faillite emporte de plein droit[1], à partir de sa date, dessaisissement, pour le failli, de l'administration de tous ses biens, même de ceux qui peuvent lui échoir tant qu'il est en état de faillite.

A partir de ce jugement, toute action mobilière ou immobilière ne pourra être suivie ou intentée que contre les syndics.

Il en sera de même de toute voie d'exécution tant sur les meubles que sur les immeubles.

Le tribunal, lorsqu'il le jugera convenable, pourra recevoir le failli partie intervenante.

**415.** Le jugement déclaratif de faillite rend exigible, à l'égard du failli, les dettes passives non échues.

En cas de faillite du souscripteur d'un billet à ordre, de l'accepteur d'une lettre de change, ou du tireur à défaut d'acceptation, les autres obligés seront tenus de donner caution pour le paiement à l'échéance, s'ils n'aiment mieux payer immédiatement.

**416.** Le jugement déclaratif de faillite arrête, à l'égard de la masse seulement, le cours des intérêts de toute créance non garantie par un privilège, par un nantissement ou par une hypothèque.

Les intérêts des créances garanties ne pourront être réclamés que sur les sommes provenant des biens affectés au privilège, à l'hypothèque ou au nantissement.

**417.** Sont nuls et sans effet, relativement à la masse, lorsqu'ils auront été faits par le débiteur depuis l'époque déterminée par le tribunal comme étant celle de la cessation de ses paiements, ou dans les dix jours qui auront précédé cette époque: Tous actes translatifs de propriétés mobilières ou immobilières à titre gratuit; — Tous paiements, soit en espèces, soit par transport, vente, compensation ou autrement, pour dettes non échues, et pour dettes échues, tous paiements faits autrement qu'en espèces ou effets de commerce; — Toute hypothèque conventionnelle ou judiciaire, et tous droits d'antichrèse ou de nantissement constitués sur les biens du débiteur pour dettes antérieurement contractées.

**418.** Tous autres paiements faits par le débiteur pour dettes échues, et tous autres actes à titre onéreux par lui passés après la cessation de ses paiements et avant le jugement déclaratif de faillite, pourront être annulés si, de la part de ceux qui ont reçu du débiteur ou qui ont traité avec lui, ils ont eu lieu avec connaissance de la cessation de ses paiements[2].

**419.** Les droits d'hypothèque et de privilège valablement acquis, pourront être inscrits jusqu'au jour du jugement déclaratif de la faillite.

Néanmoins les inscriptions prises après l'époque de la cessation de paiements, ou dans les dix jours qui précèdent, pourront être déclarées nulles, s'il s'est écoulé plus de quinze jours entre la date de l'acte constitutif de l'hypothèque ou du privilège et celle de l'inscription.

---

[1]) Par conséquent il n'est pas nécéssaire d'en faire mention expresse dans le jugement déclaratif. — [2]) Ici la nullité relative est mise en opposition avec la nullité absolue, dont s'occupe l'article 417.

**420.** Dans le cas où des lettres de change auraient été payées après l'époque fixée comme étant celle de la cessation de paiements et avant le jugement déclaratif de faillite, l'action en rapport ne pourra être intentée que contre celui pour compte duquel la lettre de change aura été fournie.

S'il s'agit d'un billet à ordre, l'action ne pourra être exercée que contre le premier endosseur.

Dans l'un et l'autre cas, la preuve que celui à qui on demande le rapport avait connaissance de la cessation de paiements à l'époque de l'émission du titre, devra être fournie.

**421.** Les syndics auront, pour les baux des immeubles affectés à l'industrie ou au commerce du failli, y compris les locaux dépendants de ces immeubles et servant à l'habitation du failli et de sa famille, huit jours, à partir de l'expiration du délai accordé par l'article 463 du Code de Commerce aux créanciers domiciliés dans la Principauté, pour la vérification de leurs créances, pendant lesquels ils pourront notifier au propriétaire leur intention de continuer le bail, à la charge de satisfaire à toutes les obligations du locataire.

Cette notification ne pourra avoir lieu qu'avec l'autorisation du juge-commissaire et le failli entendu.

Jusqu'à l'expiration de ces huit jours, toutes voies d'exécution sur les effets mobiliers servant à l'exploitation du commerce ou de l'industrie du failli et toutes actions en résiliation du bail seront suspendues, sans préjudice de toutes mesures conservatoires et du droit qui serait acquis au propriétaire de reprendre possession des lieux loués.

Dans ce cas, la suspension des voies d'exécution établie au présent article cessera de plein droit.

Le bailleur devra, dans les quinze jours qui suivront la notification qui lui sera faite par les syndics, former sa demande en résiliation.

Faute par lui de l'avoir formée dans ledit délai, il sera réputé avoir renoncé à se prévaloir des causes de résiliation déjà existantes à son profit.

## Chapitre II. De la nomination du juge-commissaire.

**422.** Par le jugement qui déclarera la faillite, le tribunal de première instance désignera l'un de ses membres pour juge-commissaire.

**423.** Le juge-commissaire sera chargé spécialement d'accélérer et de surveiller les opérations et la gestion de la faillite.

Il fera au tribunal le rapport de toutes les contestations que la faillite pourra faire naître, et qui seront de la compétence de ce tribunal.

**424.** Les ordonnances du juge-commissaire ne seront susceptibles de recours que dans les cas prévus par la loi. Ces recours seront portés devant le tribunal.

**425.** Le tribunal pourra, à toutes les époques, remplacer le juge-commissaire de la faillite, par un autre de ses membres.

## Chapitre III. De l'apposition des scellés et des premières dispositions à l'égard de la personne du failli.

**426.** Par le jugement qui déclarera la faillite, le tribunal ordonnera l'apposition des scellés et le dépôt de la personne du failli dans la maison d'arrêt, ou la garde de sa personne par un officier de police ou de justice ou par un carabinier.

Néanmoins, si le juge-commissaire estime que l'actif du failli peut être inventorié en un seul jour, il ne sera point apposé de scellés, et il devra être immédiatement procédé à l'inventaire.

Il ne pourra, en cet état, être reçu, contre le failli, d'écrou[1] ou recommandation[2] pour aucune espèce de dettes.

**427.** Lorsque le failli se sera conformé aux articles 409 et 410, et ne sera point au moment de la déclaration incarcéré pour dettes ou pour autre cause, le tribunal pourra l'affranchir du dépôt ou de la garde de sa personne.

---

[1]) L'écrou signifie ici l'incarcération du débiteur et conséquemment son inscription sur le registre d'écrou, où sont inscrits tous les détenus, par application de la contrainte par corps. — [2]) La recommandation est l'acte par lequel le créancier qui veut exercer la contrainte par corps contre le débiteur déjà arrêté, s'oppose à la mise en liberté du prisonnier et recommande au gardien-chef de la prison de le retenir.

La disposition du jugement qui affranchirait le failli du dépôt ou de la garde de sa personne pourra toujours, suivant les circonstances, être ultérieurement rapportée par le tribunal, même d'office.

**428.** Le greffier en chef adressera, sur-le-champ, au juge de paix, avis de la disposition du jugement qui aura ordonné l'apposition des scellés.

Le juge de paix pourra, même avant ce jugement, apposer les scellés soit d'office, soit sur la réquisition d'un ou plusieurs créanciers, mais seulement dans le cas de disparition du débiteur ou de détournement de tout ou partie de son actif.

**429.** Les scellés seront apposés sur les magasins, comptoirs, caisses, portefeuilles, livres, papiers, meubles et effets du failli.

En cas de faillite d'une société en nom collectif, les scellés seront apposés, non-seulement dans le siège principal de la société, mais encore dans le domicile séparé de chacun des associés solidaires.

Dans tous les cas, le juge de paix donnera, sans délai, au président du tribunal, avis de l'apposition des scellés.

**430.** Le greffier en chef adressera, dans les vingt-quatre heures, au procureur général, extrait des jugements déclaratifs de faillite, mentionnant les principales indications et dispositions qu'ils contiennent.

**431.** Les dispositions qui ordonneront le dépôt de la personne du failli dans une maison d'arrêt ou la garde de sa personne seront exécutées à la diligence soit du ministère public, soit des syndics de la faillite.

**432.** Lorsque les deniers appartenant à la faillite ne pourront suffire immédiatement aux frais du jugement de déclaration de la faillite, d'affiche et d'insertion de ce jugement dans les journaux, d'apposition des scellés, d'arrestation et d'incarcération du failli, l'avance de ces frais sera faite, sur ordonnance du juge-commissaire, par le Trésor public, qui en sera remboursé par privilège sur les premiers recouvrements, sans préjudice du privilège du propriétaire.

## Chapitre IV. De la nomination et du remplacement des syndics provisoires.

**433.** Par le jugement qui déclarera la faillite, le tribunal de première instance nommera un ou plusieurs syndics provisoires.

Le juge-commissaire convoquera immédiatement les créanciers présumés à se réunir dans un délai qui n'excédera pas quinze jours. Il consultera les créanciers présents à cette réunion, tant sur la composition de l'état des créanciers présumés que sur la nomination de nouveaux syndics. Il sera dressé procès-verbal de leurs dires et observations, lequel sera représenté au tribunal.

Sur le vu de ce procès-verbal et de l'état des créanciers présumés, et sur le rapport du juge-commissaire, le tribunal nommera de nouveaux syndics, ou continuera les premiers dans leurs fonctions.

Les syndics ainsi institués sont définitifs; cependant ils peuvent être remplacés par le tribunal, dans les cas et suivant les formes qui seront déterminées.

Le nombre des syndics pourra être, à toute époque, porté jusqu'à trois; ils pourront être choisis parmi les personnes étrangères à la masse, et recevoir, quelle que soit leur qualité, après avoir rendu compte de leur gestion, une indemnité que le tribunal arbitrera sur le rapport du juge-commissaire.

**434.** Aucun parent ou allié du failli, jusqu'au quatrième degré inclusivement, ne pourra être nommé syndic.

**435.** Lorsqu'il y aura lieu de procéder à l'adjonction ou au remplacement d'un ou plusieurs syndics, il en sera référé par le juge-commissaire au tribunal, qui procédera à la nomination suivant les formes établies par l'article 433.

**436.** S'il a été nommé plusieurs syndics, ils ne pourront agir que collectivement; néanmoins le juge-commissaire peut donner à un ou plusieurs d'entre eux des autorisations spéciales à l'effet de faire séparément certains actes d'administration. Dans ce dernier cas, les syndics autorisés seront seuls responsables.

**437.** S'il s'élève des réclamations contre quelqu'une des opérations des syndics, le juge-commissaire statuera, dans le délai de trois jours, sauf recours devant le tribunal.

Les décisions du juge-commissaire seront exécutoires par provision.

**438.** Le juge-commissaire pourra, soit sur les réclamations à lui adressées par le failli ou par des créanciers, soit même d'office, proposer la révocation d'un ou plusieurs des syndics.

Si, dans les huit jours, le juge-commissaire n'a pas fait droit aux réclamations qui lui ont été adressées, ces réclamations pourront être portées devant le tribunal.

Le tribunal, en chambre du Conseil, entendra le rapport du juge-commissaire et les explications des syndics, et prononcera à l'audience sur la révocation.

## Chapitre V.  Des fonctions des syndics.

### Section première.  Dispositions Générales.

**439.** Si l'apposition des scellés n'avait point eu lieu avant la nomination des syndics, ils requerront le juge de paix d'y procéder.

**440.** Le juge-commissaire pourra également, sur la demande des syndics, les dispenser de faire placer sous les scellés, ou les autoriser à en faire extraire: 1° Les vêtements, hardes, meubles et effets nécessaires au failli et à sa famille, et dont la délivrance sera autorisée par le juge-commissaire sur l'état que lui en soumettront les syndics; — 2° Les objets sujets à dépérissement prochain ou à dépréciation imminente; — 3° Les objets servant à l'exploitation du fonds de commerce, lorsque cette exploitation ne pourrait être interrompue sans préjudice pour les créanciers.

Les objets compris dans les deux paragraphes précédents seront de suite inventoriés avec prisée par les syndics, en présence du juge de paix, qui signera le procès-verbal.

**441.** La vente des objets sujets à dépérissement ou à dépréciation imminente, ou dispendieux à conserver, et l'exploitation du fonds de commerce, auront lieu à la diligence des syndics, sur l'autorisation du juge-commissaire.

**442.** Les livres seront extraits des scellés et remis par le juge de paix aux syndics, après avoir été arrêtés par lui; il constatera sommairement, par son procès-verbal, l'état dans lequel ils se trouveront.

Les effets de portefeuille à courte échéance ou susceptibles d'acceptation, ou pour lesquels il faudra faire des actes conservatoires[1], seront aussi extraits des scellés par le juge de paix, décrits et remis aux syndics pour en faire le recouvrement.  Le bordereau en sera remis au juge-commissaire.

Les autres créances seront recouvrées par les syndics sur leurs quittances. Les lettres adressées au failli seront remises aux syndics, qui les ouvriront; il pourra, s'il est présent, assister à l'ouverture.

**443.** Le juge-commissaire, d'après l'état apparent des affaires du failli, pourra proposer sa mise en liberté avec sauf-conduit provisoire de sa personne.  Si le tribunal accorde le sauf-conduit, il pourra obliger le failli à fournir caution de se représenter, sous peine de paiement d'une somme que le tribunal arbitrera, et qui sera dévolue à la masse.

**444.** A défaut, par le juge-commissaire, de proposer un sauf-conduit pour le failli, ce dernier pourra présenter sa demande au tribunal, qui statuera, en audience publique, après avoir entendu le juge-commissaire.

**445.** Le failli pourra obtenir pour lui et sa famille, sur l'actif de sa faillite, des secours alimentaires, qui seront fixés, sur la proposition des syndics, par le juge-commissaire, sauf appel au tribunal, en cas de contestation.

**446.** Les syndics appelleront le failli auprès d'eux pour clore et arrêter les livres en sa présence.

S'il ne se rend pas à l'invitation, il sera sommé de comparaître dans les quarante-huit heures au plus tard.

Soit qu'il ait ou non obtenu un sauf-conduit, il pourra comparaître par fondé de pouvoirs, s'il justifie de causes d'empêchement reconnues valables par le juge-commissaire.

**447.** Dans le cas où le bilan n'aurait pas été déposé par le failli, les syndics le dresseront immédiatement à l'aide des livres et papiers du failli, et des renseignements qu'ils se procureront, et ils le déposeront au greffe général.

**448.** Le juge-commissaire est autorisé à entendre le failli, ses commis et employés, et toute autre personne, tant sur ce qui concerne la formation du bilan que sur les causes et les circonstances de la faillite.

**449.** Lorsqu'un commerçant aura été déclaré en faillite après son décès, ou lorsque le failli viendra à décéder après la déclaration de la faillite, sa veuve, ses

---

[1] P. e. le protêt etc.

enfants et ses héritiers pourront se présenter ou se faire représenter pour le suppléer dans la formation du bilan, ainsi que dans toutes les autres opérations de la faillite.

**450.** Dans les trois jours, les syndics requerront la levée des scellés, et procéderont à l'inventaire des biens du failli, lequel sera présent ou dûment appelé.

### Section II. De la levée des scellés et de l'inventaire.

**451.** L'inventaire sera dressé en double minute par les syndics[1], à mesure que les scellés seront levés, et en présence du juge de paix, qui le signera à chaque vacation. L'une de ces minutes sera déposée au greffe général, dans les vingt-quatre heures; l'autre restera entre les mains des syndics.

Les syndics seront libres de se faire aider, pour sa rédaction comme pour l'estimation des objets, par qui ils jugeront convenable.

Il sera fait récolement des objets qui, conformément à l'article 440, n'auraient pas été mis sous les scellés, et auraient déjà été inventoriés et prisés.

**452.** En cas de déclaration de faillite après décès, lorsqu'il n'aura point été fait d'inventaire antérieurement à cette déclaration, ou en cas de décès du failli avant l'ouverture de l'inventaire, il y sera procédé immédiatement, dans les formes du précédent article, et en présence des héritiers ou eux dûment appelés.

**453.** En toute faillite, les syndics, dans la quinzaine de leur entrée ou de leur maintien en fonctions, seront tenus de remettre au juge-commissaire un mémoire ou compte sommaire de l'état apparent de la faillite, de ses principales causes et circonstances, et des caractères qu'elle paraît avoir.

Le juge-commissaire transmettra immédiatement les mémoires, avec ses observations, à l'avocat général. S'ils ne lui ont pas été remis dans les délais prescrits, il devra en prévenir l'avocat général et lui indiquer les causes du retard.

**454.** Les officiers du ministère public pourront se transporter au domicile du failli et assister à l'inventaire.

Ils auront, à toute époque, le droit de requérir communication de tous les actes, livres ou papiers relatifs à la faillite.

### Section III. De la vente des marchandises et meubles et des recouvrements.

**455.** L'inventaire terminé, les marchandises, l'argent, les titres actifs, les livres et papiers, meubles et effets du débiteur, seront remis aux syndics, qui s'en chargeront au bas dudit inventaire.

**456.** Les syndics continueront de procéder, sous la surveillance du juge-commissaire, au recouvrement des dettes actives.

**457.** Le juge-commissaire pourra, le failli entendu ou dûment appelé, autoriser les syndics à procéder à la vente des effets mobiliers ou marchandises.

Il décidera si la vente se fera soit à l'amiable, soit aux enchères publiques, par l'entremise de tous officiers publics préposés à cet effet.

Les syndics choisiront dans la classe d'officiers publics déterminée par le juge-commissaire, celui dont ils voudront employer le ministère.

**458.** Les syndics pourront avec l'autorisation du juge-commissaire, et le failli dûment appelé, transiger sur toutes contestations qui intéressent la masse, même sur celles qui sont relatives à des droits et actions immobiliers.

Si l'objet de la transaction est d'une valeur indéterminée ou qui excède trois cents francs, la transaction ne sera obligatoire qu'après avoir été homologuée par le tribunal.

Le failli sera appelé à l'homologation; il aura, dans tous les cas, la faculté de s'y opposer. Son opposition suffira pour empêcher la transaction, si elle a pour objet des biens immobiliers.

**459.** Si le failli a été affranchi du dépôt, ou s'il a obtenu un sauf-conduit, les syndics pourront l'employer pour faciliter et éclairer leur gestion; le juge-commissaire fixera les conditions de son travail.

**460.** Les deniers provenant des ventes et des recouvrements seront, sous la déduction des sommes arbitrées par le juge-commissaire, pour le montant des dépenses et frais, versés immédiatement à la caisse des dépôts et consignations. Dans les trois jours des recettes, il sera justifié au juge-commissaire desdits versements; en cas de retard, les syndics devront les intérêts des sommes qu'ils n'auront point versées.

---

[1]) Qu'ils soient provisoires ou définitifs.

Les deniers versés par les syndics, et tous autres consignés par des tiers, pour compte de la faillite, ne pourront être retirés qu'en vertu d'une ordonnance du juge-commissaire. S'il existe des oppositions, les syndics devront préalablement en obtenir la mainlevée.

Le juge-commissaire pourra ordonner que le versement sera fait par la caisse directement entre les mains des créanciers de la faillite, sur un état de répartition dressé par les syndics et ordonnancé par lui.

### Section IV. Des actes conservatoires.

**461.** A compter de leur entrée en fonctions, les syndics seront tenus de faire tous actes pour la conservation des droits du failli contre ses débiteurs.

Ils seront aussi tenus de requérir l'inscription aux hypothèques sur les immeubles des débiteurs du failli, si elle n'a pas été requise par lui; l'inscription sera prise au nom de la masse par les syndics, qui joindront à leurs bordereaux un certificat constatant leur nomination.

Ils seront tenus aussi de prendre inscription[1], au nom de la masse des créanciers, sur les immeubles du failli dont ils connaîtront l'existence. L'inscription sera reçue sur un simple bordereau énonçant qu'il y a faillite, et relatant la date du jugement par lequel ils auront été nommés.

### Section V. De la vérification des créances.

**462.** A partir du jugement déclaratif de la faillite, les créanciers pourront remettre au greffier leurs titres, avec un bordereau indicatif des sommes par eux réclamées. Le greffier devra en tenir état et en donner récépissé.

Il ne sera responsable des titres que pendant cinq années, à partir du jour de l'ouverture du procès-verbal de vérification.

**463.** Les créanciers qui, à l'époque du maintien ou du remplacement des syndics, en exécution du troisième paragraphe de l'article 433, n'auront pas remis leurs titres, seront immédiatement avertis, par des insertions dans le journal et par lettres du greffier, qu'ils doivent se présenter en personne ou par fondés de pouvoirs, dans le délai de vingt jours, à partir desdites insertions, aux syndics de la faillite, et leur remettre leurs titres accompagnés d'un bordereau indicatif des sommes par eux réclamées, si mieux ils n'aiment en faire le dépôt au greffe général; il leur en sera donné récépissé.

A l'égard des créanciers domiciliés à l'étranger, ce délai sera augmenté conformément aux règles de l'Ordonnance Souveraine du 14 mars 1822.

**464.** La vérification des créances commencera dans les trois jours de l'expiration des délais déterminés par l'article précédent. Elle sera continuée sans interruption. Elle se fera aux lieu, jour et heure indiqués par le juge-commissaire. L'avertissement aux créanciers ordonné par l'article précédent contiendra mention de cette indication.

Néanmoins les créanciers seront de nouveau convoqués à cet effet, tant par lettres du greffier que par insertions dans le *Journal de Monaco,*

Les créances des syndics seront vérifiées par le juge-commissaire; les autres le seront contradictoirement entre le créancier ou son fondé de pouvoirs et les syndics, en présence du juge-commissaire, qui en dressera procès-verbal.

**465.** Tout créancier vérifié ou porté au bilan pourra assister à la vérification des créances, et fournir des contredits aux vérifications faites et à faire. Le failli aura le même droit.

**466.** Le procès-verbal de vérification indiquera le domicile des créanciers et de leurs fondés de pouvoirs.

Il contiendra la description sommaire des titres, mentionnera les surcharges, ratures et interlignes, et exprimera si la créance est admise ou contestée.

**467.** Dans tous les cas, le juge-commissaire pourra, même d'office, ordonner la représentation des livres du créancier, ou demander, en vertu d'un compulsoire, qu'il en soit rapporté un extrait fait par les juges du lieu.

**468.** Si la créance est admise, les syndics signeront, sur chacun des titres, la déclaration suivante: Admis au passif de la faillite de . . . . . . . . pour la somme de . . . . . . . . le . . . . . .

---

[1] Par cette inscription les droits de la masse des créanciers et non les droits individuels des créanciers seront seuls gardés.

Le juge-commissaire visera la déclaration.

Chaque créancier, dans la huitaine au plus tard, après que sa créance aura été vérifiée, sera tenu d'affirmer, entre les mains du juge-commissaire, que ladite créance est sincère et véritable.

**469.** Si la créance est contestée, le juge-commissaire pourra, sans qu'il soit besoin de citation, renvoyer à bref délai devant le tribunal qui jugera sur son rapport.

Le tribunal pourra ordonner qu'il soit fait, devant le juge-commissaire, enquête sur les faits, et que les personnes qui pourront fournir des renseignements soient, à cet effet, citées par devant lui.

**470.** Lorsque la contestation sur l'admission d'une créance aura été portée devant le tribunal, ce tribunal, si la cause n'est point en état de recevoir jugement définitif avant l'expiration des délais fixés, à l'égard des personnes domiciliées dans la Principauté, par les articles 463 et 468, ordonnera, selon les circonstances, qu'il sera sursis ou passé outre à la convocation de l'assemblée pour la formation du concordat.

Si le tribunal ordonne qu'il sera passé outre, il pourra décider par provision que le créancier contesté sera admis dans les délibérations, pour une somme que le même jugement déterminera.

**471.** Lorsque la contestation sera portée devant le tribunal jugeant civilement, le tribunal décidera s'il sera sursis ou passé outre; dans ce dernier cas, le tribunal jugera, à bref délai, sur requête des syndics, signifiée au créancier contesté, et sans autre procédure, si la créance sera admise par provision et pour quelle somme.

Dans le cas où une créance serait l'objet d'une instruction criminelle ou correctionnelle, le tribunal pourra également prononcer le sursis; s'il ordonne de passer outre, il ne pourra accorder l'admission par provision, et le créancier contesté ne pourra prendre part aux opérations de la faillite, tant qu'il n'aura pas été statué sur la poursuite.

**472.** Le créancier, dont le privilége ou l'hypothèque seulement serait contesté, sera admis dans les délibérations de la faillite comme créancier ordinaire.

**473.** A l'expiration des délais déterminés par les articles 463 et 468, à l'égard des personnes domiciliées dans la Principauté, il sera passé outre à la formation du concordat et à toutes les opérations de la faillite, sous l'exception portée en faveur des créanciers domiciliés à l'étranger.

**474.** A défaut de comparution et affirmation dans les délais qui leur sont applicables, les défaillants connus ou inconnus ne seront pas compris dans les répartitions à faire: toutefois la voie de l'opposition leur sera ouverte jusqu'à la distribution des deniers inclusivement; les frais de l'opposition demeureront toujours à leur charge.

Leur opposition ne pourra suspendre l'exécution des répartitions ordonnancées par le juge-commissaire; mais s'il est procédé à des répartitions nouvelles avant qu'il ait été statué sur leur opposition, ils seront compris pour la somme qui sera provisoirement déterminée par le tribunal, et qui sera tenue en réserve jusqu'au jugement de leur opposition.

S'ils se font ultérieurement reconnaître créanciers, ils ne pourront rien réclamer sur les répartitions ordonnancées par le juge-commissaire; mais ils auront le droit de prélever, sur l'actif non encore réparti, les dividendes afférents à leurs créances dans les premières répartitions.

## Chapitre VI. Du concordat et de l'union.

### Section première. De la convocation et de l'assemblée des créanciers.

**475.** Dans les trois jours qui suivront les délais prescrits pour l'affirmation[1], le juge-commissaire fera convoquer par le greffier, à l'effet de délibérer sur la formation du concordat, les créanciers dont les créances auront été vérifiées et affirmées, ou admises par provision. Les insertions dans les journaux et les lettres de convocation indiqueront l'objet de l'assemblée.

**476.** Aux lieu, jour et heure qui seront fixés par le juge-commissaire, l'assemblée se formera sous sa présidence; les créanciers vérifiés et affirmés, ou admis par provision, s'y présenteront en personne ou par fondés de pouvoirs.

Le failli sera appelé à cette assemblée; il devra s'y présenter en personne, s'il a été dispensé de la mise en dépôt, ou s'il a obtenu un sauf-conduit, et il ne

---

[1] Savoir dans un délai de huit jours (Art. 468).

pourra s'y faire représenter que pour des motifs valables, et approuvés par le juge-commissaire.

**477.** Les syndics feront à l'assemblée un rapport sur l'état de la faillite, sur les formalités qui auront été remplies et les opérations qui auront eu lieu; le failli sera entendu.

Le rapport des syndics sera remis, signé d'eux, au juge-commissaire, qui dressera procès-verbal de ce qui aura été dit et décidé dans l'assemblée.

### Section II.  Du concordat.[1]

#### § 1.  *De la formation du concordat.*

**478.** Il ne pourra être consenti de traité entre les créanciers délibérants et le débiteur failli qu'après l'accomplissement des formalités ci-dessus prescrites.

Ce traité ne s'établira que par le concours d'un nombre de créanciers formant la majorité, et représentant, en outre, les trois quarts de la totalité des créances vérifiées et affirmées, ou admises par provision, conformément à la section V du chapitre V; le tout à peine de nullité.

**479.** Les créanciers hypothécaires inscrits ou dispensés d'inscription, et les créanciers privilégiés ou nantis d'un gage, n'auront pas voix dans les opérations relatives au concordat pour lesdites créances, et elles n'y seront comptées que s'ils renoncent à leurs hypothèques, gages ou priviléges.

La vote au concordat emportera de plein droit cette renonciation.

**480.** Le concordat sera, à peine de nullité, signé séance tenante[2]. S'il est consenti seulement par la majorité en nombre, ou par la majorité des trois quarts en somme, la délibération sera remise à huitaine pour tout délai; dans ce cas, les résolutions prises et les adhésions données lors de la première assemblée demeureront sans effet.

**481.** Si le failli a été condamné comme banqueroutier frauduleux, le concordat ne pourra être formé.

Lorsqu'une instruction en banqueroute frauduleuse aura été commencée, les créanciers seront convoqués à l'effet de décider s'ils se réservent de délibérer sur un concordat, en cas d'acquittement, et si, en conséquence, ils surseoient à statuer jusqu'après l'issue des poursuites.

Ce sursis ne pourra être prononcé qu'à la majorité en nombre et en somme déterminée par l'article 478. Si, à l'expiration du sursis, il y a lieu à délibérer sur le concordat, les règles établies par le précédent article seront applicables aux nouvelles délibérations.

**482.** Si le failli a été condamné comme banqueroutier simple, le concordat pourra être formé.  Néanmoins, en cas de poursuites commencées, les créanciers pourront surseoir à délibérer jusqu'après l'issue des poursuites, en se conformant aux dispositions de l'article précédent.

**483.** Tous les créanciers ayant eu droit de concourir au concordat, ou dont les droits auront été reconnus depuis, pourront y former opposition.

L'opposition sera motivée, et devra être signifiée aux syndics et au failli à peine de nullité, dans les huit jours qui suivront le concordat; elle contiendra assignation à la première audience du tribunal de première instance.

S'il n'a été nommé qu'un seul syndic et s'il se rend opposant au concordat, il devra provoquer la nomination d'un nouveau syndic, vis-à-vis duquel il sera tenu de remplir les formes prescrites au présent article.

Si le jugement de l'opposition est subordonné à la solution de questions étrangères, à raison de la matière, à la compétence du tribunal de première instance, ce tribunal surseoira à prononcer jusqu'après la décision de ces questions.

Il fixera un bref délai dans lequel le créancier opposant devra saisir les juges compétents et justifier de ses diligences.

**484.** L'homologation du concordat sera poursuivie devant le tribunal, à la requête de la partie la plus diligente; le tribunal ne pourra statuer avant l'expiration du délai de huitaine, fixé par l'article précédent.

---

[1] La loi reconnaît deux espèces de concordats: le concordat ordinaire prévu par les articles 478 et les suivants et le concordat par abandon total ou partiel de l'actif dont les dispositions se trouvent dans l'article 512. — [2] Pour éviter toute possibilité d'influences contraires à la loi; toutefois l'éventualité de fixer de nouvelles séances n'est pas exclue.

Si, pendant ce délai, il a été formé des oppositions, le tribunal statuera sur ces oppositions et sur l'homologation par un seul et même jugement.

Si l'opposition est admise, l'annulation du concordat sera prononcée à l'égard de tous les intéressés.

**485.** Dans tous les cas, avant qu'il soit statué sur l'homologation, le juge-commissaire fera au tribunal un rapport sur les caractères de la faillite et sur l'admissibilité du concordat.

**486.** En cas d'inobservation des règles ci-dessus prescrites, ou lorsque des motifs tirés, soit de l'intérêt public, soit de l'intérêt des créanciers, paraîtront de nature à empêcher le concordat, le tribunal en refusera l'homologation.

### § 2. *Des effets du concordat.*

**487.** L'homologation du concordat le rendra obligatoire pour tous les créanciers portés ou non portés au bilan, vérifiés ou non vérifiés, et même pour les créanciers domiciliés hors de la Principauté, ainsi que pour ceux qui, en vertu des articles 470 et 471, auraient été admis par provision à délibérer, quelle que soit la somme que le jugement définitif leur attribuerait ultérieurement.

**488.** L'homologation conservera à chacun des créanciers, sur les immeubles du failli, l'hypothèque inscrite en vertu du troisième paragraphe de l'article 461. A cet effet, les syndics feront inscrire aux hypothèques le jugement d'homologation, à moins qu'il n'en ait été décidé autrement par le concordat.

**489.** Aucune action en nullité du concordat ne sera recevable, après l'homologation, que pour cause de dol découvert depuis cette homologation, et résultant, soit de la dissimulation de l'actif, soit de l'exagération du passif.

**490.** Aussitôt après que le jugement d'homologation sera passé en force de chose jugée, les fonctions des syndics cesseront.

Les syndics rendront au failli leur compte définitif, en présence du juge-commissaire; ce compte sera débattu et arrêté. Ils remettront au failli l'universalité de ses biens, livres, papiers et effets. Le failli en donnera décharge.

Il sera dressé du tout procès-verbal par le juge-commissaire, dont les fonctions cesseront.

En cas de contestation, le tribunal prononcera.

### § 3. *De l'annulation ou de la résolution du concordat.*

**491.** L'annulation du concordat, soit pour dol, soit par suite de condamnation pour banqueroute frauduleuse intervenue après son homologation, libère de plein droit les cautions.

En cas d'inexécution, par le failli, des conditions de son concordat, la résolution de ce traité pourra être poursuivie contre lui devant le tribunal de première instance, en présence des cautions, s'il en existe, ou elles dûment appelées.

La résolution du concordat ne libérera pas les cautions qui y seront intervenues pour en garantir l'exécution totale ou partielle.

**492.** Lorsque, après l'homologation du concordat, le failli sera poursuivi pour banqueroute frauduleuse, et placé sous mandat de dépôt ou d'arrêt, le tribunal pourra prescrire telles mesures conservatoires qu'il appartiendra. Ces mesures cesseront de plein droit du jour de la déclaration qu'il n'y a lieu à suivre, de l'ordonnance d'acquittement ou de l'arrêt d'absolution.

**493.** Sur le vu de l'arrêt de condamnation pour banqueroute frauduleuse, ou par le jugement qui prononcera, soit l'annulation, soit la résolution du concordat, le tribunal nommera un juge-commissaire et un ou plusieurs syndics.

Ces syndics pourront faire apposer les scellés.

Ils procéderont, sans retard, avec l'assistance du juge de paix, sur l'ancien inventaire, au récolement des valeurs, actions et des papiers, et procéderont, s'il y a lieu, à un supplément d'inventaire.

Ils dresseront un bilan supplémentaire.

Ils feront immédiatement afficher et insérer dans les journaux à ce destinés, avec un extrait du jugement qui les nomme, invitation aux créanciers nouveaux, s'il en existe, de produire, dans le délai de vingt jours, leurs titres de créances à la vérification. Cette invitation sera faite aussi par lettres du greffier, conformément aux articles 463 et 464.

**494.** Il sera procédé, sans retard, à la vérification des titres de créances produits en vertu de l'article précédent.

Il n'y aura pas lieu à nouvelle vérification des créances antérieurement admises et affirmées, sans préjudice néanmoins du rejet ou de la réduction de celles qui depuis auraient été payées en tout ou en partie.

**495.** Ces opérations mises à fin, s'il n'intervient pas de nouveau concordat, les créanciers seront convoqués à l'effet de donner leur avis sur le maintien ou le remplacement des syndics.

Il ne sera procédé aux répartitions qu'après l'expiration, à l'égard des créanciers nouveaux, des délais accordés aux personnes domiciliées dans la Principauté, par les articles 463 et 468.

**496.** Les actes faits par le failli postérieurement au jugement d'homologation, et antérieurement à l'annulation ou à la résolution du concordat ne seront annulés qu'en cas de fraude aux droits des créanciers.

**497.** Les créanciers antérieurs au concordat rentreront dans l'intégralité de leurs droits à l'égard du failli seulement; mais ils ne pourront figurer dans la masse que pour les proportions suivantes, savoir: S'ils n'ont touché aucune part du dividende, pour l'intégralité de leurs créances; — S'ils ont reçu une partie du dividende, pour la portion de leurs créances primitives correspondantes à la portion du dividende promis qu'ils n'auront pas touchée.

Les dispositions du présent article seront applicables au cas où une seconde faillite viendra à s'ouvrir, sans qu'il y ait eu préalablement annulation ou résolution du concordat.

### Section III. De la clôture en cas d'insuffisance de l'actif.

**498.** Si, à quelque époque que ce soit, avant l'homologation du concordat ou la formation de l'union, le cours des opérations de la faillite se trouve arrêté par insuffisance de l'actif, le tribunal de première instance pourra, sur le rapport du juge-commissaire, prononcer, même d'office, la clôture des opérations de la faillite.

Ce jugement fera rentrer chaque créancier dans l'exercice de ses actions individuelles, tant contre les biens que contre la personne du failli.

Pendant un mois, à partir de sa date, l'exécution de ce jugement sera suspendue.

**499.** Le failli, ou tout autre intéressé, pourra, à toute époque, le faire rapporter par le tribunal, en justifiant qu'il existe des fonds pour faire face aux frais des opérations de la faillite, ou en faisant consigner entre les mains des syndics, somme suffisante pour y pourvoir.

Dans tous les cas, les frais des poursuites exercées en vertu de l'article précédent devront être préalablement acquittés.

### Section IV. De l'union des créanciers.[1]

**500.** S'il n'intervient point de concordat, les créanciers seront de plein droit en état d'union.

Le juge-commissaire les consultera immédiatement, tant sur les faits de la gestion que sur l'utilité du maintien ou du remplacement des syndics. Les créanciers privilégiés, hypothécaires ou nantis d'un gage, seront admis à cette délibération.

Il sera dressé procès-verbal des dires et observations des créanciers, et, sur le vu de cette pièce, le tribunal statuera comme il est dit à l'article 433.

Les syndics qui ne seraient pas maintenus devront rendre leur compte aux nouveaux syndics en présence du juge-commissaire, le failli dûment appelé.

**501.** Les créanciers seront consultés sur la question de savoir si un secours pourra être accordé au failli sur l'actif de la faillite.

Lorsque la majorité des créanciers[2] présents y aura consenti, une somme pourra être accordée au failli, à titre de secours, sur l'actif de la faillite. Les syndics en proposeront la quotité, qui sera fixée par le juge-commissaire, sauf recours au tribunal, de la part des syndics seulement.

**502.** Lorsqu'une société de commerce sera en faillite, les créanciers pourront ne consentir de concordat qu'en faveur d'un ou de plusieurs associés.

En ce cas, tout l'actif social demeurera sous le régime de l'union. Les biens personnels de ceux avec lesquels le concordat aura été consenti en seront exclus,

---

[1] L'union des créanciers est la communauté par laquelle les créanciers de la masse, faute de la formation d'un concordat, procèdent d'un accord unanime pour obtenir autant que possible le payement de leurs créances. — [2] Il n'est pas nécessaire que leurs créances représentent aussi les trois quarts des créances totales.

et le traité particulier passé avec eux ne pourra contenir l'engagement de payer un dividende que sur des valeurs étrangères à l'actif social.

L'associé qui aura obtenu un concordat particulier sera déchargé de toute solidarité.

**503.** Les syndics représentent la masse des créanciers et sont chargés de procéder à la liquidation.

Néanmoins les créanciers pourront leur donner mandat pour continuer l'exploitation de l'actif.

La délibération qui leur conférera ce mandat en déterminera la durée et l'étendue, et fixera les sommes qu'ils pourront garder entre leurs mains, à l'effet de pourvoir aux frais et dépenses. Elle ne pourra être prise qu'en présence du juge-commissaire, et à la majorité des trois quarts des créanciers en nombre et en somme.

La voie de l'opposition sera ouverte contre cette délibération au failli et aux créanciers dissidents.

Cette opposition ne sera pas suspensive de l'exécution.

**504.** Lorsque les opérations des syndics entraîneront des engagements qui excéderaient l'actif de l'union, les créanciers qui auront autorisé ces opérations seront seuls tenus personnellement au-delà de leur part dans l'actif, mais seulement dans les limites du mandat qu'ils auront donné; ils contribueront au prorata de leurs créances.

**505.** Les syndics sont chargés de poursuivre la vente des immeubles, marchandises et effets mobiliers du failli, et la liquidation de ses dettes actives et passives; le tout sous la surveillance du juge-commissaire, et sans qu'il soit besoin d'appeler le failli.

**506.** Les syndics pourront, en se conformant aux règles prescrites par l'article 458, transiger sur toute espèce de droits appartenant au failli, nonobstant toute opposition de sa part.

**507.** Les créanciers en état d'union seront convoqués au moins une fois dans la première année, et, s'il y a lieu, dans les années suivantes, par le juge-commissaire.

Dans ces assemblées, les syndics devront rendre compte de leur gestion.

Ils seront continués ou remplacés dans l'exercice de leurs fonctions, suivant les formes prescrites par les articles 433 et 500.

**508.** Lorsque la liquidation de la faillite sera terminée, les créanciers seront convoqués par le juge-commissaire.

Dans cette dernière assemblée, les syndics rendront leur compte. Le failli sera présent ou dûment appelé.

Les créanciers donneront leur avis sur l'excusabilité du failli. Il sera dressé à cet effet, un procès-verbal dans lequel chacun des créanciers pourra consigner ses dires et observations.

Après la clôture de cette assemblée, l'union sera dissoute de plein droit.

**509.** Le juge-commissaire présentera au tribunal la délibération des créanciers relative à l'excusabilité du failli, et un rapport sur les caractères et les circonstances de la faillite. Le tribunal prononcera si le failli est ou non excusable.

**510.** Si le failli n'est pas déclaré excusable, les créanciers rentreront dans l'exercice de leurs actions individuelles, tant contre sa personne que sur ses biens.

S'il est déclaré excusable, il demeurera affranchi de la contrainte par corps à l'égard des créanciers de sa faillite, et ne pourra plus être poursuivi par eux que sur ses biens, sauf les exceptions prononcées par les lois spéciales.

**511.** Ne pourront être déclarés excusables: les banqueroutiers frauduleux, les stellionataires, les personnes condamnées pour vol, escroquerie ou abus de confiance, les comptables de deniers publics.

**512.** Aucun débiteur commerçant n'est recevable à demander son admission au bénéfice de cession de biens.

Néanmoins, un concordat par abandon total ou partiel de l'actif du failli peut être formé, suivant les règles prescrites par la section II du présent chapitre.

Ce concordat produit les mêmes effets que les autres concordats; il est annulé ou résolu de la même manière.

La liquidation de l'actif abandonné est faite conformément aux paragraphes 2, 3 et 4 de l'article 500, aux articles 503, 504, 505, 506 et 507, et aux paragraphes 1 et 2 de l'article 508.

Le concordat par abandon est assimilé à l'union pour la perception des droits d'enregistrement.

## Chapitre VII.  Des différentes espèces de créanciers et de leurs droits en cas de faillite.

### Section première.  Des coobligés et des cautions.

**513.** Le créancier porteur d'engagements souscrits, endossés ou garantis solidairement par le failli et d'autres coobligés qui sont en faillite, participera aux distributions dans toutes les masses, et y figurera pour la valeur nominale de son titre jusqu'à parfait paiement.

**514.** Aucun recours, pour raison des dividendes payés, n'est ouvert aux faillites des coobligés les unes contre les autres, si ce n'est lorsque la réunion des dividendes que donneraient ces faillites excéderait le montant total de la créance, en principal et accessoires; auquel cas cet excédant sera dévolu, suivant l'ordre des engagements, à ceux des coobligés qui auraient les autres pour garants.

**515.** Si le créancier porteur d'engagements solidaires entre le failli et d'autres coobligés a reçu, avant la faillite, un acompte sur sa créance, il ne sera compris pans la masse que sous la déduction de cet acompte, et conservera, pour ce qui lui restera dû, ses droits contre le coobligé et la caution.

Le coobligé ou la caution qui aura fait le paiement partiel sera compris dans la même masse pour tout ce qu'il aura payé à la décharge du failli.

**516.** Nonobstant le concordat, les créanciers conservent leur action pour la totalité de leur créance contre les coobligés du failli.

### Section II.  Des créanciers nantis de gage et des créanciers privilégiés sur les biens meubles.

**517.** Les créanciers du failli qui seront valablement nantis de gage ne seront inscrits dans la masse que pour mémoire.

**518.** Les syndics pourront, à toute époque, avec l'autorisation du juge-commissaire, retirer les gages au profit de la faillite, en remboursant la dette.

**519.** Dans le cas où le gage ne sera pas retiré par les syndics, s'il est vendu par le créancier moyennant un prix qui excède la créance, le surplus sera recouvré par les syndics; si le prix est moindre que la créance, le créancier nanti viendra à contribution pour le surplus, dans la masse, comme créancier ordinaire.

**520.** Le salaire acquis aux ouvriers employés directement par le failli, pendant le mois qui aura précédé la déclaration de faillite, sera admis au nombre des créances privilégiées[1], au même rang que le privilège établi par l'article 1907 du Code Civil[2] pour le salaire des gens de service.

Les salaires dûs aux commis pour les six mois qui auront précédé la déclaration de faillite seront admis au même rang.

**521.** L'article 1939 du Code Civil[3] est ainsi modifié à l'égard de la faillite:

Si le bail est résilié, le propriétaire d'immeubles affectés à l'industrie ou au commerce du failli aura privilège, pour les deux dernières années de location échues avant le jugement déclaratif de faillite, pour l'année courante, pour tout ce qui concerne l'exécution du bail et pour les dommages-intérêts qui pourront lui être alloués par les tribunaux.

Au cas de non résiliation, le bailleur, une fois payé de tous les loyers échus, ne pourra pas exiger le paiement des loyers en cours ou à échoir, si les sûretés qui lui ont été données lors du contrat sont maintenues, ou si celles qui lui ont été fournies depuis la faillite sont jugées suffisantes.

---

[1] Cet article de l'ancien Code Civil correspond à l'art. 1938 du Code actuel, promulgué le 25 octobre 1884, et modifié sur ce point par une ordonnance du 4 juillet 1903. (Note de l'auteur de l'Introduction.) — [2] Les créances privilégiées sur la généralité des meubles sont celles ci-après exprimées et s'exercent dans l'ordre suivant: 1° Les frais de justice faits dans l'intérêt commun des créanciers; — 2° Les frais funéraires; — 3° Les frais quelconques de maladie faits dans la dernière année concurrement entre ceux à qui ils sont dûs; — 4° Les mois de nourrice dûs par les parents ou par toute autre personne; — 5° Les salaires des gens de service pour l'année échue et ce qui est dû sur l'année courante; — 6° Les fournitures de subsistances faites au débiteur et à sa famille: savoir pendant les six derniers mois, par les marchands en détail, tels que boulangers, bouchers et autres; — et pendant la dernière année par les maîtres de pension et marchands en gros; — 7° Les droits d'enregistrement et autres droits dûs au Trésor en vertu des lois, ainsi que les frais de justice en matière criminelle, correctionnelle ou de police (art. 1399 C. civ. modif. par l'ordon. du 4 juillet 1903). — [3] Cet article du Code actuel réserve d'ailleurs les règles spéciales du Code de commerce en matière de faillite. (Note de l'auteur de l'Introduction.)

Lorsqu'il y aura vente. et enlèvement des meubles garnissant les lieux loués, le bailleur pourra exercer son privilége comme au cas de résiliation ci-dessus, et, en outre, pour une année à échoir à partir de l'expiration de l'année courante, que le bail ait ou non date certaine.

Les syndics pourront continuer ou céder le bail pour tout le temps restant à courir, à la charge par eux ou leurs cessionnaires de maintenir dans l'immeuble gage suffisant, et d'exécuter, au fur et à mesure des échéances, toutes les obligations résultant du droit ou de la convention, mais sans que la destination des lieux loués puisse être changée. Dans le cas où le bail contiendrait interdiction de céder le bail ou de sous-louer, les créanciers, ne pourront faire leur profit de la location que pour le temps à raison duquel le bailleur aurait touché ses loyers par anticipation, et toujours sans que la destination des lieux puisse être changée.

Le privilége et le droit de revendication, établis par le n° 4[1] de l'article 1908 du Code Civil, au profit du vendeur d'effets mobiliers, ne peuvent être exercés contre la faillite[2].

**522.** Les syndics présenteront au juge-commissaire l'état des créanciers se prétendant privilégiés sur les biens meubles, et le juge-commissaire autorisera, s'il y a lieu, le paiement de ces créanciers sur les premiers deniers rentrés.

Si le privilége est contesté, le tribunal prononcera.

**Section III. Des droits des créanciers hypothécaires et privilégiés sur les immeubles.**

**523.** Lorsque la distribution du prix des immeubles sera faite antérieurement à celle du prix des biens meubles, ou simultanément, les créanciers privilégiés ou hypothécaires, non remplis sur le prix des immeubles, concourront, à proportion de ce qui leur restera dû, avec les créanciers chirographaires, sur les deniers appartenant à la masse chirographaire, pourvu toutefois que leurs créances aient été vérifiées et affirmées suivant les formes ci-dessus établies.

**524.** Si une ou plusieurs distributions des deniers mobiliers précédent la distribution du prix des immeubles, les créanciers privilégiés et hypothécaires vérifiés et affirmés concourront aux répartitions dans la proportion de leurs créances totales, et sauf, le cas échéant, les distractions dont il sera parlé ci-après.

**525.** Après la vente des immeubles et le règlement définitif de l'ordre entre les créanciers hypothécaires et privilégiés, ceux d'entre eux qui viendront en ordre utile[3] sur le prix des immeubles pour la totalité de leur créance ne toucheront le montant de leur collocation hypothécaire que sous la déduction des sommes par eux perçues dans la masse chirographaire.

Les sommes ainsi déduites ne resteront point dans la masse hypothécaire, mais retourneront à la masse chirographaire, au profit de laquelle il en sera fait distraction.

**526.** A l'égard des créanciers hypothécaires qui ne seront colloqués que partiellement dans la distribution du prix des immeubles, il sera procédé comme il suit: leurs droits sur la masse chirographaire seront définitivement réglés d'après les sommes dont ils resteront créanciers après leur collocation immobilière, et les deniers qu'ils auront touchés au-delà de cette proportion, dans la distribution antérieure, leur seront retenus sur le montant de leur collocation hypothécaire, et reversée dans la masse chirographaire.

**527.** Les créanciers qui ne viennent point en ordre utile[4] seront considérés comme chirographaires, et soumis comme tels aux effets du concordat et de toutes les opérations de la masse chirographaire.

---

[1]) Les créances privilégiées sur certains meubles sont: 4° Le prix d'effets mobiliers non payés, s'ils sont encore en la possession du débiteur, soit qu'il ait acheté à terme ou sans terme. — Si la vente a été faite sans terme, le vendeur peut même revendiquer ces effets tant qu'ils sont en la possession de l'acheteur, et en empêcher la revente, pourvu que la revendication soit faite dans la huitaine de la livraison et que les effets se trouvent dans le même état dans lequel cette livraison a été faite. — Le privilége du vendeur ne s'exerce toutefois qu'après celui du propriétaire de la maison ou de la ferme, à moins qu'ils ne soit prouvé que le propriétaire avait connaissance que les meubles et autres objets garnissant sa maison ou sa ferme n'appartenaient pas au locataire. — Il n'est rien innové aux lois et usages du commerce sur la revendication. — [2]) Pour éviter des fraudes autant que possible. — [3]) C'est-à-dire qui obtiendront le paiement total ou partiel de leurs créances. — [4]) Voir la note de l'art. 525.

### Section IV. Des droits des femmes.

**528.** En cas de faillite du mari, la femme dont les apports en immeubles ne se trouveraient pas mis en communauté reprendra en nature lesdits immeubles et ceux qui lui seront survenus par succession ou par donation entre-vifs ou testamentaire.

**529.** La femme reprendra pareillement les immeubles acquis par elle et en son nom des deniers provenant desdites successions et donations, pourvu que la déclaration d'emploi soit expressément stipulée au contrat d'acquisition et que l'origine des deniers soit constatée par inventaire ou par tout autre acte authentique.

**530.** Sous quelque régime qu'ait été formé le contrat de mariage, hors le cas prévu par l'article précédent, la présomption légale est que les biens acquis par la femme du failli appartiennent à son mari, ont été payés de ses deniers, et doivent être réunis à la masse de son actif, sauf à la femme à fournir la preuve du contraire.

**531.** La femme pourra reprendre en nature les effets mobiliers qu'elle s'est constituée par contrat de mariage, ou qui lui sont advenus par succession, donation entre-vifs ou testamentaire, et qui ne seront pas entrés en communauté, toutes les fois que l'identité en sera prouvée par inventaire ou tout autre acte authentique.

A défaut par la femme de faire cette preuve, tous les effets mobiliers tant à l'usage du mari qu'à celui de la femme, sous quelque régime qu'ait été contracté le mariage, seront acquis aux créanciers, sauf aux syndics à lui remettre, avec l'autorisation du juge-commissaire, les habits et linges nécessaires à son usage.

**532.** L'action en reprise résultant des dispositions des articles 528 et 529 ne sera exercée par la femme qu'à la charge des dettes et hypothèques dont les biens sont légalement grevés, soit que la femme s'y soit obligée volontairement, soit qu'elle y ait été condamnée[1].

**533.** Si la femme a payé des dettes pour son mari, la présomption légale est qu'elle l'a fait des deniers de celui-ci, et elle ne pourra, en conséquence, exercer aucune action dans la faillite, sauf la preuve contraire, comme il est dit à l'article 530.

**534.** Lorsque le mari sera commerçant au moment de la célébration du mariage, ou lorsque, n'ayant pas alors d'autre profession déterminée, il sera devenu commerçant dans l'année, les immeubles qui lui appartiendraient à l'époque de la célébration du mariage, ou qui lui seraient advenus depuis, soit par succession, soit par donation entre-vifs ou testamentaire, seront seuls soumis à l'hypothèque de la femme: 1° Pour les deniers et effets mobiliers qu'elle aura apportés en dot, ou qui lui seront advenus depuis le mariage par succession ou donation entrevifs ou testamentaire, et dont elle prouvera la délivrance ou le paiement par acte ayant date certaine; — 2° Pour le remploi de ses biens aliénés pendant le mariage; — 3° Pour l'indemnité des dettes par elle contractées avec son mari.

**535.** La femme dont le mari était commerçant à l'époque de la célébration du mariage, ou dont le mari, n'ayant pas alors d'autre profession déterminée, sera devenu commerçant dans l'année qui suivra cette célébration, ne pourra exercer dans la faillite aucune action à raison des avantages portés au contrat de mariage, et, dans ce cas, les créanciers ne pourront, de leur côté, se prévaloir des avantages faits par la femme au mari dans ce même contrat.

## Chapitre VIII. De la répartition entre les créanciers et de la liquidation du mobilier.

**536.** Le montant de l'actif mobilier, distraction faite des frais et dépenses de l'administration de la faillite, des secours qui auraient été accordés au failli ou à sa famille, et des sommes payées aux créanciers privilégiés, sera réparti entre tous les créanciers au marc le franc de leurs créances vérifiées et affirmées.

**537.** A cet effet, les syndics remettront tous les mois, au juge-commissaire, un état de situation de la faillite et des deniers déposés à la caisse des dépôts et consignations; le juge-commissaire ordonnera, s'il y a lieu, une répartition entre les créanciers, en fixera la quotité, et veillera à ce que tous les créanciers soient avertis.

**538.** Il ne sera procédé à aucune répartition entre les créanciers domiciliés dans la Principauté, qu'après la mise en réserve de la part correspondante aux

---

[1] Cette disposition est une exception au principe formulé par le Code civil que la femme qui a renoncé volontairement à ses droits est exempte de toute contribution aux dettes de la communauté vis-à-vis de son mari et des créanciers.

créances pour lesquelles les créanciers domiciliés hors de la Principauté seront portés sur le bilan.

Lorsque ces créances ne paraîtront pas portées sur le bilan d'une manière exacte, le juge-commissaire pourra décider que la réserve sera augmentée, sauf aux syndics à se pourvoir contre cette décision devant le Tribunal Supérieur.

**539.** Cette part sera mise en réserve et demeurera à la caisse des dépôts et consignations jusqu'à l'expiration du délai déterminé par le dernier paragraphe de l'article 463; elle sera répartie entre les créanciers reconnus, si les créanciers domiciliés en pays étrangers n'ont pas fait vérifier leurs créances, conformément aux dispositions de la présente loi.

Une pareille réserve sera faite pour raison de créances sur l'admission desquelles il n'aurait pas été statué définitivement.

**540.** Nul paiement ne sera fait par les syndics que sur la représentation du titre constitutif de la créance.

Les syndics mentionneront sur le titre la somme payée par eux ou ordonnancée conformément à l'article 460.

Néanmoins, en cas d'impossibilité de représenter le titre, le juge-commissaire pourra autoriser le paiement sur le vu du procès-verbal de vérification. Dans tous les cas, le créancier donnera la quittance en marge de l'état de répartition.

**541.** L'union pourra se faire autoriser par le tribunal de première instance, le failli dûment appelé, à traiter à forfait de tout ou partie des droits et actions dont le recouvrement n'aurait pas été opéré, et à les aliéner; en ce cas, les syndics feront tous les actes nécessaires.

Tout créancier pourra s'adresser au juge-commissaire pour provoquer une délibération de l'union à cet égard.

## Chapitre IX. De la vente des immeubles du failli.

**542.** A partir du jugement qui déclarera la faillite, les créanciers ne pourront poursuivre l'expropriation des immeubles sur lesquels ils n'auront pas d'hypothèques.

**543.** S'il n'y a pas de poursuite en expropriation des immeubles commencée avant l'époque de l'union, les syndics seuls seront admis à poursuivre la vente; ils seront tenus d'y procéder dans la huitaine sous l'autorisation du juge-commissaire, suivant les formes prescrites pour la vente des biens des mineurs.

**544.** La surenchère, après adjudication des immeubles du failli sur la poursuite des syndics, n'aura lieu qu'aux conditions et dans les formes suivantes:

La surenchère devra être faite dans la quinzaine.

Elle ne pourra être au-dessous du dixième du prix principal de l'adjudication. Elle sera faite au greffe général, suivant les formes prescrites par l'article 53 de l'Ordonnance Souveraine du 3 mars 1865[1]; toute personne sera admise à surenchérir.

Toute personne sera également admise à concourir à l'adjudication par suite de surenchère. Cette adjudication demeurera définitive et ne pourra être suivie d'aucune autre surenchère.

## Chapitre X. De la revendication.

**545.** Pourront être revendiquées, en cas de faillite, les remises en effets de commerce ou autres titres non encore payés, et qui se trouveront en nature dans le portefeuille du failli à l'époque de sa faillite, lorsque ces remises auront été faites par le propriétaire, avec le simple mandat d'en faire le recouvrement et d'en garder la valeur à sa disposition, ou lorsqu'elles auront été, de sa part, spécialement affectées à des paiements déterminés.

**546.** Pourront être également revendiquées, aussi longtemps qu'elles existeront en nature, en tout ou en partie, les marchandises consignées au failli à titre de dépôt, ou pour être vendues pour le compte du propriétaire.

Pourra même être revendiqué le prix ou la partie du prix desdites marchandises qui n'aura été ni payé, ni réglé en valeur, ni compensé en compte-courant entre le failli et l'acheteur.

---

[1] Cette Ordonnance est aujourd'hui remplacée par les dispositions du Code de Procédure civile du 5 september 1896. Les formes de la surenchère sont réglées par les art. 622 à 628 de ce Code. (Note de l'auteur de l'Introduction.)

**547.** Pourront être revendiquées les marchandises expédiées au failli, tant que la tradition n'en aura point été effectuée dans ses magasins, ou dans ceux du commissionnaire chargé de les vendre pour le compte du failli.

Néanmoins la revendication ne sera pas recevable, si, avant leur arrivée, les marchandises ont été vendues sans fraude, sur factures et connaissements ou lettres de voiture signées par l'expéditeur.

Le revendiquant sera tenu de rembourser à la masse les acomptes par lui reçus, ainsi que toutes avances faites pour fret ou voiture, commission, assurances ou autres frais, et de payer les sommes qui seraient dues pour mêmes causes.

**548.** Pourront être retenues par le vendeur les marchandises par lui vendues, qui ne seront pas délivrées au failli, ou qui n'auront pas encore été expédiées soit à lui, soit à un tiers pour son compte.

**549.** Dans le cas prévu par les deux articles précédents et sous l'autorisation du juge-commissaire, les syndics auront la faculté d'exiger la livraison des marchandises, en payant au vendeur le prix convenu entre lui et le failli.

**550.** Les syndics pourront, avec l'approbation du juge-commissaire, admettre les demandes en revendication: s'il y a contestation, le tribunal prononcera, après avoir entendu le juge-commissaire.

## Chapitre XI. Des voies de recours contre les jugements rendus en matière de faillite.

**551.** Le jugement déclaratif de la faillite, et celui qui fixera à une date antérieure l'époque de la cessation de paiements, seront susceptibles d'opposition, de la part du failli, dans la huitaine, et de la part de toute autre partie intéressée, pendant un mois. Ces délais courront à partir des jours où les formalités de l'affiche et de l'insertion énoncées dans l'article 413, auront été accomplies.

**552.** Aucune demande des créanciers tendant à faire fixer la date de la cessation des paiements à une époque autre que celle qui résulterait du jugement déclaratif de faillite, ou d'un jugement postérieur, ne sera recevable après l'expiration des délais pour la vérification et l'affirmation des créances. Ces délais expirés, l'époque de la cessation de paiements demeurera irrévocablement déterminée à l'égard des créanciers.

**553.** (O. 11 juin 1909.) Le délai d'appel, pour tout jugement rendu en matière de faillite, sera de quinze jours seulement à dater de la signification.

Ne seront susceptibles ni d'opposition, ni d'appel, ni de pourvoi en révision: 1° Les jugements relatifs à la nomination ou au remplacement du juge-commissaire, à la nomination ou à la révocation des syndics; — 2° Les jugements qui statuent sur les demandes de sauf-conduit et sur celles de secours pour le failli et sa famille; — 3° Les jugements qui autorisent à vendre les effets ou marchandises appartenant à la faillite; — 4° Les jugements qui prononcent sursis au concordat, ou admission provisionnelle de créanciers contestés; — 5° Les jugements par lesquels le tribunal statue sur les recours formés contre les ordonnances rendues par le juge-commissaire dans les limites de ses attributions.

## Titre deuxième. Des banqueroutes.[1]

### Chapitre premier. De la banqueroute simple.

**554.** Les cas de banqueroute simple seront punis des peines portées au Code Pénal, et jugés par le tribunal correctionnel, sur la poursuite des syndics, de tout créancier, ou du ministère public.

**555.** Sera déclaré banqueroutier simple tout commerçant failli qui se trouvera dans un des cas suivants: 1° Si ses dépenses personnelles ou les dépenses de sa maison sont jugées excessives; — 2° S'il a consommé de fortes sommes, soit à des opérations de pur hasard, soit à des opérations fictives de bourse ou sur marchandises; — 3° Si, dans l'intention de retarder sa faillite, il a fait des achats pour revendre au-dessous du cours; si, dans la même intention, il s'est livré à des emprunts, circulation d'effets, ou autres moyens ruineux de se procurer des fonds; — 4° Si, après cessation de ses paiements, il a payé un créancier au préjudice de la masse.

---

[1] Ce titre correspond essentiellement au même titre du code de commerce français.

**556.** Pourra être déclaré banqueroutier simple tout commerçant failli qui se trouvera dans un des cas suivants: 1° S'il a contracté, pour le compte d'autrui, sans recevoir des valeurs en échange, des engagements jugés trop considérables eu égard à sa situation lorsqu'il les a contractés; — 2° S'il est de nouveau déclaré en faillite sans avoir satisfait aux obligations d'un précédent concordat; — 3° Si, étant marié sous le régime dotal, ou séparé de biens, il ne s'est pas conformé aux articles 23 et 24; — 4° Si, dans les trois jours de la cessation de ses paiements, il n'a pas fait au greffe la déclaration exigée par les articles 409 et 410, ou si cette déclaration ne contient pas les noms de tous les associés solidaires; — 5° Si, sans empêchement légitime, il ne s'est pas présenté en personne aux syndics dans les cas et dans les délais fixés, ou si, après avoir obtenu un sauf-conduit, il ne s'est pas représenté à justice; — 6° S'il n'a pas tenu des livres et fait exactement inventaire; si ses livres ou inventaires sont incomplets ou irrégulièrement tenus, ou s'ils n'offrent pas sa véritable situation active et passive sans néanmoins qu'il y ait fraude.

**557.** Les frais de poursuite en banqueroute simple intentée par le ministère public ne pourront, en aucun cas, être mis à la charge de la masse.

En cas de concordat, le recours du Trésor contre le failli pour ces frais ne pourra être exercé qu'après l'expiration des termes accordés par ce traité.

**558.** Les frais de poursuite intentée par les syndics, au nom des créanciers, seront supportés s'il y a acquittement, par la masse, et s'il y a condamnation, par le Trésor, sauf son recours contre le failli, conformément à l'article précédent.

**559.** Les syndics ne pourront intenter de poursuite en banqueroute simple, ni se porter partie civile au nom de la masse, qu'après y avoir été autorisés par une délibération prise à la majorité individuelle des créanciers présents.

**560.** Les frais de poursuite intentée par un créancier seront supportés, s'il y a condamnation, par le Trésor; s'il y a acquittement, par le créancier poursuivant.

## Chapitre II. De la banqueroute frauduleuse.

**561.** Sera déclaré banqueroutier frauduleux, et puni des peines portées au Code Pénal[1], tout commerçant failli qui aura soustrait ses livres, détourné ou dissimulé une partie de son actif ou qui, soit dans ses écritures, soit par des actes publics ou des engagements sous signature privée, soit par son bilan, se sera frauduleusement reconnu débiteur de sommes qu'il ne devait pas.

**562.** Les frais de poursuite en banqueroute frauduleuse ne pourront, en aucun cas, être mis à la charge de la masse.

Si un ou plusieurs créanciers se sont rendus parties civiles en leur nom personnel, les frais, en cas d'acquittement, demeureront à leur charge.

## Chapitre III. Des crimes et des délits commis dans les faillites par d'autres que par les faillis.

**563.** Seront condamnés aux peines de la banqueroute frauduleuse: 1° Les individus convaincus d'avoir, dans l'intérêt du failli, soustrait, recélé ou dissimulé tout ou partie de ses biens, meubles ou immeubles; le tout sans préjudice des autres cas prévus par l'article 57 du Code Pénal; — 2° Les individus convaincus d'avoir frauduleusement présenté dans la faillite et affirmé, soit en leur nom, soit par interposition de personnes, des créances supposées; — 3° Les individus qui, faisant le commerce sous le nom d'autrui ou sous un nom supposé, se seront rendus coupables de faits prévus en l'article 562[2].

**564.** Le conjoint, les descendants ou les ascendants du failli ou ses alliés aux mêmes degrés, qui auraient détourné, diverti ou recélé des effets appartenant à la faillite, sans avoir agi de complicité avec le failli, seront punis des peines du vol.

**565.** Dans les cas prévus par les articles précédents, le tribunal saisi statuera, lors même qu'il y aurait acquittement: 1° d'office sur la réintégration à la masse des créanciers, de tous biens, droits ou actions frauduleusement soustraits; — 2° sur les dommages-intérêts qui seraient demandés et que le jugement arbitrera.

---

[1]) C'est-à-dire des travaux forcés pour un nombre d'années déterminé. — [2]) Il s'agit ici sans aucun doute de l'article 561.

**566.** Tout syndic qui se sera rendu coupable de malversation dans sa gestion sera puni correctionnellement des peines portées en l'article 404 du Code Pénal[1].

**567.** Le créancier qui aura stipulé, soit avec le failli, soit avec toutes autres personnes, des avantages particuliers à raison de son vote dans les délibérations de la faillite, ou qui aura fait un traité particulier duquel résulterait en sa faveur un avantage à la charge de l'actif du failli, sera puni correctionnellement d'un emprisonnement qui ne pourra excéder une année, et d'une amende qui ne pourra être au-dessus de deux mille francs.

L'emprisonnement pourra être porté à deux ans si le créancier est syndic de la faillite.

**568.** Les conventions seront, en outre, déclarées nulles à l'égard de toutes personnes, et même à l'égard du failli.

Le créancier sera tenu de rapporter à qui de droit les sommes ou valeurs qu'il aura reçues en vertu des conventions annulées.

**569.** Dans le cas où l'annulation des conventions serait poursuivie par la voie civile, l'action sera portée devant le tribunal de première instance jugeant commercialement.

**570.** Tous arrêts et jugements de condamnation rendus, tant en vertu du présent chapitre que des deux chapitres précédents, seront affichés et publiés suivant les formes établies par l'article 49 du présent Code, aux frais du condamné.

## Chapitre IV.  De l'administration des biens en cas de banqueroute.

**571.** Dans tous les cas de poursuite et de condamnation pour banqueroute simple ou frauduleuse, les actions civiles autres que celles dont il est parlé dans l'article 566 resteront séparées, et toutes les dispositions relatives aux biens, prescrites pour la faillite, seront exécutées sans qu'elles puissent être attribuées ni évoquées au tribunal jugeant correctionnellement ou au tribunal criminel.

**572.** Seront cependant tenus, les syndics de la faillite, de remettre au ministère public les pièces, titres, papiers et renseignements qui leur seront demandés.

**573.** Les pièces, titres et papiers délivrés par les syndics seront, pendant le cours de l'instruction, tenus en état de communication par la voie du greffe; cette communication aura lieu sur la réquisition des syndics, qui pourront y prendre des extraits privés, ou en requérir d'authentiques, qui leur seront expédiés par le greffier.

Les pièces, titres et papiers dont le dépôt judiciaire n'aurait pas été ordonné seront, après l'arrêt ou le jugement, remis aux syndics, qui en donneront décharge.

## Titre troisième.  De la réhabilitation.

**574.** Le failli qui aura intégralement acquitté, en principal, intérêts et frais, toutes les sommes par lui dues, pourra obtenir sa réhabilitation.

Il ne pourra l'obtenir, s'il est l'associé d'une maison de commerce tombée en faillite, qu'après avoir justifié que toutes les dettes de la société ont été intégralement acquittées en principal, intérêts et frais, lors même qu'un concordat particulier lui aurait été consenti.

**575.** (O. 11 juin 1909.) Toute demande en réhabilitation sera adressée à la cour d'appel.

**576.** Le procureur général, sur la communication qui lui sera faite de la requête, recueillera tous les renseignements qu'il pourra se procurer sur la vérité des faits exposés.

**577.** A cet effet, à la diligence tant du procureur général que du premier président de la cour d'appel, copie de ladite requête restera affichée pendant un délai de deux mois, tant dans la salle d'audience du tribunal qu'à la mairie, et sera insérée par extrait dans le *Journal de Monaco*.

**578.** Tout créancier qui n'aura pas été payé intégralement de sa créance en principal, intérêts et frais, et toute autre partie intéressée, pourra, pendant la durée de l'affiche, former opposition à la réhabilitation par simple acte au greffe appuyé des pièces justificatives. Le créancier opposant ne pourra jamais être partie dans la procédure de réhabilitation.

---

[1]) Savoir de l'emprisonnement de deux mois au moins et de deux ans au plus et d'une amende ne pouvant dépasser le quart des remboursements dus aux parties dont les intérêts ont été lésés et des dommages-intérêts auxquels ils ont droit et ne pouvant s'élever à moins de vingt-cinq francs.

**579.** Le procureur général près la cour d'appel fera rendre arrêt portant admission ou rejet de la demande en réhabilitation. Si la demande est rejetée, elle ne pourra être reproduite qu'après une année d'intervalle.

**580.** Ne seront point admis à la réhabilitation les banqueroutiers frauduleux, les personnes condamnées pour vol, escroquerie ou abus de confiance, les stellionataires, ni les tuteurs, administrateurs ou autres comptables qui n'auront pas rendu et soldé leurs comptes.

Pourra être admis à la réhabilitation le banqueroutier simple qui aura subi la peine à laquelle il aura été condamné.

**581.** Le failli pourra être réhabilité après sa mort.

## Dispositions générales.

**582.** Toutes lois et dispositions contraires à celles contenues au présent Code sont et demeurent abrogées.

# Ordonnances supplémentaires.

## I. Ordonnance sur les Sociétés anonymes et en commandite par actions.

(Du 5 mars 1895, modifiée par Ordonnance du 17 septembre 1907 et du 10 juin 1909.)

Art. 1. (O. 17 sept. 1907.) Les sociétés anonymes ne peuvent être constituées qu'avec l'autorisation du Prince et son approbation de leurs statuts.

Elles sont, en outre, soumises à la surveillance et au contrôle du Gouvernement qui peut toujours prendre les mesures nécessaires pour assurer l'exacte observation de leurs statuts, et, si elles bénéficient d'un monopole, l'exercice libre et régulier du dit monopole, ainsi que l'exécution des conditions auxquelles il a été subordonné.

L'ordonnance princière qui accorde l'autorisation, prescrit la publication des statuts dans le *Journal de Monaco*. Cette publication doit être faite dans un délai de quinzaine au maximum.

2. (O. 17 sept. 1907.) L'autorisation princière est donnée sur l'avis du Conseil d'État.

A cet effet les fondateurs remettent au secrétariat général du Gouvernement les statuts de la société qu'ils se proposent de fonder.

Le Conseil examine si ces statuts sont conformes à la loi et à l'ordre public. Il peut appeler devant lui les fondateurs pour se faire donner les explications qu'il estime nécessaires.

3. (O. 17 sept. 1907.) Les sociétés anonymes ne peuvent être formées que par acte notarié. Elles ne sont constituées qu'après la souscription de la totalité du capital social et le versement en espèces, par chaque actionnaire, du quart au moins des actions par lui souscrites.

Les bulletins de souscription doivent contenir: 1° Le montant du capital social; — 2° la partie du capital social représentée par des apports en nature; — 3° la partie réalisée en espèces; — 4° les avantages réservés aux fondateurs; le tout certifié exact par la signature des fondateurs.

La souscription du capital social et les versements sont constatés par une déclaration qui est faite par les fondateurs dans un acte notarié et à laquelle sont annexés la liste des souscripteurs, l'état des versements et une expédition de l'acte de société, s'il a été passé devant un notaire autre que celui qui a reçu la déclaration. La dite déclaration est soumise, avec les pièces à l'appui, à une première assemblée générale, qui en vérifie la sincérité.

Cette assemblée, convoquée à la diligence des fondateurs, nomme les premiers administrateurs ainsi que les commissaires institués par l'article 19 ci-après. Ces administrateurs ne peuvent être nommés pour plus de six ans; ils sont rééligibles, sauf stipulation contraire.

Toutefois ils peuvent être désignés par les statuts, avec stipulation formelle que leur nomination ne sera pas soumise à l'approbation de l'assemblée générale. En ce cas ils ne peuvent être nommés pour plus de trois ans.

Le procès-verbal de la séance constate l'acceptation des administrateurs et des commissaires présents à la réunion.

La société est constituée à partir de cette opération.

**4.** (O. 17 sept. 1907.) Lorsqu'un associé fait un apport qui ne consiste pas en numéraire, ou stipule à son profit des avantages particuliers, ou lorsque les statuts créent des parts de fondateurs dont ils font ou confient à certaines personnes l'attribution, la première assemblée générale désigne des experts qui peuvent être choisis parmi les souscripteurs, à l'effet d'apprécier la valeur de l'apport ou la cause des avantages stipulés.

Une seconde assemblée générale, à laquelle les fondateurs convoquent les actionnaires par des lettres individuelles leur notifiant l'objet de la réunion, est appelée plus tard à délibérer sur l'approbation de l'apport ou des avantages. Cette assemblée ne peut statuer qu'après un rapport qui est imprimé et tenu à la disposition des actionnaires cinq jours avant la réunion en un lieu indiqué dans la lettre de convocation.

Les délibérations sont prises par la majorité des actionnaires présents.

Les associés qui ont fait l'apport ou stipulé des avantages particuliers soumis à l'appréciation de l'assemblée, n'ont pas voix délibérative.

A défaut d'approbation, la société reste sans effet à l'égard de toutes les parties. Elle n'est définitivement constituée qu'après l'approbation de l'apport ou des avantages, donnée dans les formes précédentes.

Les dispositions du présent article relatives à la vérification de l'apport qui ne consiste pas en numéraire, ne sont pas applicables au cas où la société à laquelle est fait le dit apport est formée entre ceux seulement qui en étaient propriétaires par indivis.

**5.** (O. 17 sept. 1907.) Une expédition de l'acte de société doit être déposée au greffe général dans la quinzaine de la constitution définitive de la société. A cet acte sont annexés: 1° une copie certifiée des délibérations prises par l'assemblée générale dans les cas prévus par l'article 4; — 2° la liste nominative, dûment certifiée, des souscripteurs, contenant les noms, prénoms, qualités, demeures, et le nombre d'actions de chacun d'eux.

Dans le même délai, ou, au plus tard, dans les quinze jours suivants, mention est faite dans le *Journal de Monaco* de la date du dépôt fait au greffe.

Les formalités prescrites par le présent article seront observées à peine de nullité à l'égard des tiers; mais le défaut d'aucune d'elles ne pourra être opposé aux tiers par les associés.

**6.** (O. 17 sept. 1907.) Toute personne a le droit de prendre communication au greffe de l'acte de société et de s'en faire délivrer à ses frais expédition ou extrait par le greffier ou par le notaire détenteur de la minute.

Toute personne peut également exiger qu'il lui soit délivré au siége de la société une copie certifiée des statuts, moyennant paiement d'une somme qui ne pourra excéder un franc.

**7.** (O. 17 sept. 1907.) Les actions ou coupons d'actions ne sont négociables qu'après la constitution définitive de la société.

**8.** Les actions sont nominatives jusqu'à leur entière libération.

Les titulaires, les cessionnaires intermédiaires et les souscripteurs sont tenus solidairement du montant de l'action.

Tout souscripteur ou actionnaire qui a cédé son titre cesse, deux ans après la cession, d'être responsable des versements non encore appelés.

**9.** (O. 17 sept. 1907.) Les actions représentant des apports doivent toujours être intégralement libérées au moment de la constitution de la société.

Elles ne peuvent être détachées de la souche et négociées que deux ans après la constitution définitive de la société. Pendant ce temps, elles doivent, à la diligence des administrateurs, être frappées d'un timbre indiquant leur nature et la date de cette constitution.

Les parts de fondateurs ne peuvent également être négociées que deux ans après la constitution de la société.

**10.** La société anonyme est administrée par des mandataires à temps, révocables, salariés ou gratuits, pris parmi les associés et propriétaires d'un nombre d'actions déterminé par les statuts. Ces actions, affectées à la garantie de tous les actes de la gestion, sont nominatives, inaliénables, frappées d'un timbre indiquant l'inaliénabilité, et déposées dans la caisse sociale.

Toutefois, les administrateurs peuvent, d'un commun accord, si les statuts le permettent, se substituer un mandataire étranger à la société, et dont ils sont responsables envers elle.

**11.** Les statuts déterminent le nombre d'actions qu'il est nécessaire de posséder, soit à titre de propriétaire, soit à titre de mandataire, pour être admis dans l'assemblée générale, et le nombre de voix appartenant à chaque actionnaire eu égard au nombre d'actions dont il est porteur. Les actionnaires peuvent se grouper de manière à réunir le nombre d'actions voulu par les statuts, et déléguer l'un d'eux à l'effet de les représenter à l'assemblée générale.

**12.** Dans toutes les assemblées générales, les délibérations sont prises à la majorité des voix.

Il est tenu une feuille de présence; elle mentionne les noms et domiciles des actionnaires et le nombre d'actions dont chacun est porteur. Cette feuille, certifiée par le bureau de l'assemblée, est déposée au siége social et doit être communiquée à tout requérant.

**13.** Il est tenu chaque année au moins une assemblée générale.

Cette assemblée nomme et révoque les administrateurs et les commissaires, discute le bilan et les comptes qui lui sont présentés, et délibère sur tous autres objets intéressant la marche normale de la société.

**14.** L'assemblée annuelle doit être composée d'un nombre d'actionnaires représentant le quart au moins du capital social. Si ce nombre n'est pas réuni, une nouvelle assemblée est convoquée dans les formes et avec les délais prescrits par les statuts, et elle délibère valablement quelle que soit la valeur du capital représentée par les actionnaires présents.

**15.** (O. 17 septembre 1907.) Les assemblées qui ont à délibérer sur la vérification des apports, sur la nomination des premiers administrateurs, sur la sincérité de la déclaration faite par les fondateurs aux termes de l'article 3, doivent être composées d'un nombre d'actionnaires représentant la moitié au moins du capital social.

Le capital social, dont la moitié doit être représentée pour la vérification de l'apport, se compose seulement des apports non soumis à la vérification.

Si l'assemblée générale ne réunit pas un nombre d'actionnaires représentant la moitié du capital social, elle ne peut prendre qu'une délibération provisoire. Dans ce cas une nouvelle assemblée générale est convoquée. Deux avis publiés à huit jours d'intervalle dans le *Journal de Monaco*, font connaître aux souscripteurs les résolutions provisoires adoptées par la première assemblée, et ces résolutions deviennent définitives si elles sont approuvées par la nouvelle assemblée générale composée d'un nombre d'actionnaires représentant le cinquième au moins du capital social.

**16.** (O. 10 juin 1909.) L'assemblée appelée à se prononcer sur toute modification aux statuts ou sur l'émission d'obligations, doit comprendre un nombre d'actionnaires réunissant la moitié au moins du capital social. Si cette quotité ne se rencontre pas à la première assemblée, il en est convoqué une seconde à un mois au plus tôt de la première. Pendant cet intervalle, il est fait chaque semaine dans le *Journal de Monaco*, et deux fois au moins à dix jours d'intervalle dans deux des principaux journaux politiques de Paris et du département des Alpes-Maritimes, des insertions annonçant la date de la deuxième assemblée et indiquant les objets sur lesquels elle aura à délibérer. Aucune délibération de cette deuxième assemblée ne sera valable si elle ne réunit la majorité des trois quarts des titres représentés, quel qu'en soit le nombre.

**17.** (O. 17 sept. 1907.) Toute décision de l'assemblée générale relative à l'un des objets indiqués à l'article précédent, doit être approuvée par le Prince, sur l'avis du Conseil d'État. Elle ne peut produire d'effet qu'après avoir été insérée au *Journal de Monaco* avec la mention de l'approbation souveraine.

**18.** Les administrateurs sont tenus de convoquer extraordinairement l'assemblée générale dans le délai d'un mois, quand la demande leur en est faite par des actionnaires représentant au moins un dixième du capital social.

**19.** L'assemblée générale annuelle désigne au moins trois commissaires, choisis de préférence parmi les associés. La nomination de commissaires pris en dehors de la liste des actionnaires, doit être ratifiée par le président du tribunal.

Ce magistrat pourvoit également, à la requête des intéressés, au remplacement des commissaires décédés ou empêchés.

**20.** Les commissaires sont chargés de vérifier les comptes des administrateurs, de veiller à la confection de l'inventaire et du bilan, et de faire sur le tout un rapport à l'assemblée générale.

Ils prennent communication des livres de la société, trois mois au plus tôt et un mois au plus tard avant l'époque fixée pour la réunion de l'assemblée générale.

Ils peuvent, en cas d'urgence, convoquer extraordinairement l'assemblée générale.

**21.** Huit jours au moins avant la réunion de l'assemblée générale, tout actionnaire peut prendre, au siége social, communication et copie du rapport des commissaires ainsi que de l'inventaire et de la liste des actions.

**22.** Aucune répétition de dividende ne peut être exercée contre les actionnaires, si ce n'est dans le cas où la distribution en aurait été faite en l'absence de tout inventaire ou en dehors des résultats constatés par l'inventaire.

L'action en répétition, dans le cas où elle est ouverte, se prescrit par cinq ans, à partir du jour fixé pour la distribution des dividendes.

**23.** Il est interdit aux administrateurs de prendre ou de conserver un intérêt direct ou indirect dans une entreprise ou dans un marché faits avec la société ou pour son compte, à moins qu'ils n'y soient autorisés par l'assemblée générale.

Il est, chaque année, rendu à l'assemblée générale un compte spécial de l'exécution des marchés ou entreprises par elle autorisés aux termes du paragraphe précédent.

**24.** (O. 17 sept. 1907.) Les dispositions des articles précédents, à l'exception des articles 10, 18, 19 et 20, sont applicables aux sociétés en commandite par actions.

Les obligations imposées aux fondateurs par les articles 2, 3, 4 et 5 seront remplies par le gérant.

**25.** (O. 17 sept. 1907.) Dans toute société en commandite par actions, il est établi un conseil de surveillance composé de trois actionnaires au moins. Ce conseil est nommé par l'assemblée générale. Il est soumis à la réélection aux époques et suivant les conditions déterminées par les statuts. Toutefois le premier conseil n'est nommé que pour une année.

**26.** Le conseil de surveillance remplit les fonctions attribuées aux commissaires dans les sociétés anonymes par l'article 20.

Toutefois, chacun de ses membres peut vérifier à toute époque les livres, la caisse, le portefeuille et les valeurs de la société.

Le conseil peut aussi convoquer l'assemblée générale et provoquer, s'il l'estime nécessaire, la dissolution de la société.

**27.** Les membres du conseil de surveillance ne sont responsables que de leurs fautes personnelles et n'encourent aucune responsabilité à raison des actes du gérant.

**28.** Les sociétés anonymes ou en commandite par actions demeurent au surplus soumises aux dispositions du Code de Commerce qui les régissent, à l'exception de l'article 38 dudit Code, qui est abrogé.

**29.** (O. 17 sept. 1907.) L'émission et la négociation d'actions ou de coupons d'actions par laquelle il n'a pas été satisfait aux dispositions des articles 1, 2, 3 et 6 de la présente Ordonnance, sont punies d'une amende de cinq cents à dix mille francs.

Sont punis de la même peine: 1° La négociation d'actions ou de coupons d'actions. faites contrairement aux dispositions des articles 7, 8 et 9, ainsi que toute participation à ces négociations et toute publication de la valeur des dites actions; — 2° l'émission d'obligations faite sans tenir compte des prescriptions des articles 15 et 17.

**30.** Sont punis d'une amende de cinq cents à dix mille francs et peuvent même l'être d'un emprisonnement de quinze jours au moins à six mois au plus: 1° Ceux qui, en se présentant comme propriétaires d'actions ou de coupons d'actions qui ne leur appartiennent pas, ont créé frauduleusement une majorité factice dans une assemblée générale, sans préjudice de tous dommages-intérêts, s'il y a lieu, envers la société ou envers les tiers; — 2° Ceux qui ont remis les actions pour en faire l'usage frauduleux.

**31.** Sont punis des peines portées par l'article 403 du Code Pénal, sans préjudice de l'application de cet article à tous les faits constitutifs du délit d'escroquerie, les administrateurs et les gérants qui, en l'absence d'inventaires, ou au moyen d'inventaires frauduleux, ont opéré entre les actionnaires la répartition de dividendes fictifs.

## Dispositions transitoires.

**32.** Les sociétés actuellement existantes ne sont pas soumises aux règles édictées par les articles 2, 3 § 2, 6, 7, 8 § 1er et 9, pour la constitution des sociétés anonymes et en commandite par actions, mais elles devront se conformer aux autres dispositions de la présente Ordonnance.

Celles d'entre elles pour lesquelles il n'aurait pas été nommé des administrateurs, des commissaires ou un conseil de surveillance, conformément aux articles 10, 19 et 25 de la présente Ordonnance, seront tenues de procéder à ces nominations dans un délai de six mois, à peine du retrait de l'autorisation.

Les prescriptions de deux ans et de cinq ans, établies par les articles 8 et 22, ne commenceront à courir à l'égard des cessions et distributions de dividendes antérieures à la présente Ordonnance qu'à partir de sa promulgation.

**33.** Notre Secrétaire d'Etat, Notre Avocat Général et Notre Gouverneur Général sont chargés, chacun en ce qui le concerne, de l'exécution de la présente Ordonnance.

---

# II. Ordonnance sur la Discipline maritime.
(Du 22 janvier 1891.)

---

## Titre premier.

### Chapitre premier. Police de la navigation.

**Art. 1.** Aucune embarcation ne peut être mise à la mer dans le port de Monaco ou sur la côte de la Principauté, sans une autorisation de Notre gouverneur général[1], accordée sur l'avis du Conseil maritime, après vérification de la solidité et de la navigabilité du bateau.

Cette autorisation ne peut être accordée qu'aux propriétaires d'embarcations qui résident dans la Principauté.

**2.** Toute embarcation qui sortira du port de Monaco, pour naviguer hors des eaux monégasques, devra être pourvue d'un rôle d'équipage. Ce rôle sera délivré par le capitaine du port[2], lequel en conservera un double.

Les capitaines, maîtres ou patrons sont tenus d'en justifier à toute réquisition.

Les conditions d'engagement de l'équipage y doivent être mentionnées.

**3.** Il est interdit d'embarquer, sur des navires armés au long cours ou au cabotage, des individus non portés sur le rôle d'équipage, ainsi que de débarquer ceux qui y sont inscrits, sans l'intervention de l'autorité maritime ou consulaire, aux mains de laquelle seront consignés les frais de rapatriement.

Il est interdit d'embarquer sans autorisation des armes et munitions de guerre ou des substances explosibles.

**4.** Les équipages réglementaires des navires armés au long cours ou au cabotage comprennent: 1° Les officiers et maîtres qui sont tenus de justifier de connaissances nautiques et de services antérieurs; — 2° Les matelots âgés de plus de vingt ans; — 3° S'il y a lieu, des novices de seize à vingt ans et des mousses de douze à seize ans.

---

[1]) V. la note p. 12 de l'Introduction. — [2]) Une ordonnance du 2 juillet 1908 sur le *Service de la marine et la police maritime* a remplacé le capitaine du port par un directeur du port. (Note de l'auteur de l'Introduction).

La majorité de l'équipage doit être de nationalité monégasque ou française.

Le nombre des novices et mousses réunis ne pourra excéder la proportion du tiers de l'équipage.

5. Il est interdit d'exercer le commandement d'un navire sans être muni d'une autorisation spéciale délivrée en Notre nom par Notre gouverneur général, président du Conseil maritime.

La même disposition est applicable aux officiers commandant en second ou en remplacement.

Les patrons des bateaux non pontés devront se pourvoir d'une autorisation délivrée par le capitaine du port[1].

6. Il est interdit aux officiers autorisés seulement à commander au cabotage, de prendre le commandement de navires faisant un trajet plus long que celui de la Principauté aux ports de France ou aux ports méditerranéens d'Espagne et d'Italie.

7. Nul ne peut exercer le pilotage sans être muni d'une autorisation spéciale du capitaine du port[1].

8. Il est interdit de prendre le pavillon de Notre Principauté sans une autorisation écrite de Notre gouverneur général[2].

Les embarcations de pêche et navires marchands le portent à la poupe ou à la corne d'artimon.

9. Toute embarcation doit porter à la poupe, en lettres apparentes de huit centimètres au moins de hauteur, le nom du navire et du port de Monaco, ou bien un numéro matricule.

Défense est faite d'effacer ou masquer cette inscription.

10. Le capitaine de toute embarcation monégasque abordant, à l'étranger, un port où existe un agent consulaire de la Principauté[3], est tenu de lui exhiber l'acte de nationalité du bateau, et de présenter à son visa le rôle d'équipage, le livre de bord et la patente de santé, ainsi que de lui faire, s'il y a lieu, le rapport, et de prendre le certificat prévus par les articles 207 et 208 du Code de Commerce.

En cas de perte des pièces ci-dessus ou de l'une d'elles, le capitaine demandera au consul la délivrance d'un titre provisoire pour rejoindre le port d'attache.

11. Tout capitaine, maître ou patron est tenu, à sa rentrée à Monaco, de remettre au capitaine du port[1] ses papiers de bord, en lui signalant les infractions punies ou à punir, conformément aux dispositions de la présente Ordonnance.

Toutes les infractions disciplinaires ou pénales doivent être mentionnées sur le rôle d'équipage, ainsi que la suite qui y a été donnée.

## Chapitre II. Discipline maritime.

12. Le capitaine, maître ou patron a, sur les gens de l'équipage et sur les passagers, l'autorité que comportent la sûreté du navire, le soin des marchandises et le succès de l'expédition.

La police et la discipline des bâtiments de mer appartiennent au capitaine, maître ou patron, qui doit prendre d'urgence les mesures de sécurité indispensables.

Il est autorisé à employer la force, pour mettre hors d'état de nuire les auteurs de crimes ou de délits graves. Les marins de l'équipage sont tenus de lui prêter main-forte.

13. Sont soumises aux règles d'ordre, de discipline et de police établies sur les navires et bateaux monégasques, et passibles des peines déterminées, soit pour les fautes de discipline, soit pour les délits ou les crimes, toutes les personnes em-

---

[1]) Une ordonnance du 2 juillet 1908 sur le *Service de la marine et la police maritime* a remplacé le capitaine du port par un directeur du port. (Note de l'auteur de l'Introduction.) — [2]) V. à ce sujet l'ordonnance précitée, de 1908 sur le *Service de la marine*, art. 11 à 13. — [3]) Il existe actuellement des consulats monégasques dans les ports suivants: En *France* à Nice, Antibes, Toulon, Marseille, Alger, Cette, Bordeaux, le Havre, Rouen. — En *Espagne* à Barcelone, Valence, Tarragone, Malaga, Cadix. — En *Portugal* à Lisbonne, Oporto, aux Açores, à Ponta Delgada (île S. Miguel). — En *Italie* à Vintimille, San Remo, Gênes, Livorne, Cività-Vecchia, Naples, Ancône, Palerme, Messine, Brindis, Bari, Venise. — En *Autriche-Hongrie* à Trieste. — En *Tunisie* à La Goulette, Tunis, Bizerte, Sousse. — En *Belgique* à Anvers, Ostende. — En *Angleterre* à Londres. — Dans les *Pays-Bas* à La Haye, Amsterdam, Rotterdam. — En *Suède* à Stockholm. — En *Russie* à St. Petersbourg. — Aux *Etats-Unis d'Amérique* à New York, San Francisco. — Dans l'île de Cuba à La Havane.

barquées, employées ou reçues à bord, à quelque titre que ce soit, à partir du jour de leur inscription au rôle d'équipage ou de leur embarquement jusques et y compris le jour de leur débarquement administratif.

**14.** En cas de mutinerie ou de révolte, la résistance du capitaine et des personnes qui lui restent fidèles est considérée comme un cas de légitime défense.

**15.** Les infractions aux dispositions de la présente Ordonnance sont constatées, savoir: 1° Dans la Principauté, par les capitaine, officiers et maîtres du port; — 2° A l'étranger, par les officiers des navires affectés à Notre service; par Nos consuls et vice-consuls; enfin par les capitaines, maîtres ou patrons en ce qui touche l'équipage dont ils ont le commandement.

Sauf en ce qui touche les simples punitions disciplinaires, les procès-verbaux constatant lesdites infractions seront envoyés à Notre gouverneur général, qui les transmettra, s'il y a lieu, à Notre procureur général, après les avoir fait enregistrer en débet.

**16.** Le droit de connaître des fautes de discipline, et de prononcer les peines qu'elles comportent, est attribué sans appel: 1° Dans le port de Monaco, sur le rapport du capitaine, maître ou patron du bateau, ou d'office, au capitaine du port[1]; — 2° A l'étranger, dans les mêmes conditions, aux commandants des navires à Notre service qui se trouvent sur les lieux; — 3° En dehors des deux cas précédents, au capitaine, maître ou patron du bateau.

**17.** Dès son arrivée dans un port où réside un de Nos consuls ou vice-consuls, le capitaine, maître ou patron de toute embarcation monégasque est tenu de lui signaler les crimes ou délits commis à son bord.

Il est tenu de même de se mettre en communication avec le commandant de tout navire affecté à Notre service qu'il vient à rencontrer hors des eaux monégasques.

**18.** En cas de crime ou de délit de droit commun commis dans un port envers un étranger, Notre consul en saisira l'autorité locale et rendra compte à Notre gouverneur général.

Si le crime ou le délit n'intéresse pas un habitant du pays dans lequel il est accrédité, le consul se borne à recueillir officiellement la plainte et les dépositions des témoins, puis adresse son procès-verbal à Notre gouverneur général.

En l'absence d'agence consulaire, ou dans les eaux neutres, le capitaine fera lui-même toutes les constatations et prendra les mesures nécessaires pour arriver, au retour du bâtiment, à la répression du crime ou du délit.

---

# III. Ordonnance sur le Service Maritime.

## (Du 2 juillet 1908.)

### (Extrait.)

---

**Art. 5.** Les procès-verbaux constatant les crimes ou délits sont transmis à M. le Procureur Général. Ceux constatant des contraventions sont transmis au Commissaire de Police faisant fonctions de Ministère Public près le Tribunal de Simple Police.

**6.** Les outrages et violences envers les officiers, maîtres ou agents du Port seront punis conformément aux dispositions des article 193 et suivants du Code Pénal.

**7.** Le Directeur du Port est chargé de l'inscription des navires et bâtiments, de la Police Sanitaire, de la Police du Port et des quais, de la Police de la Pêche, de la Perception des Taxes sanitaires et autres et des amendes.

Il est également chargé de la Surveillance de l'éclairage des phares et fanaux ainsi que des signaux tant de jour que de nuit.

**11.** Tout capitaine ou armateur, qui voudra faire naviguer son navire sous le Pavillon de la Principauté, devra adresser une demande au Gouverneur Général, qui, après avoir pris l'avis du Conseil Maritime, la soumettra à Notre autorisation.

**12.** Le requérant justifiera de la propriété du navire à naturaliser et fournira les renseignements nécessaires sur: le lieu de construction du navire, ses origines.

---

[1]) V. la note 1, p. précédente. — [2]) V. la note p. 12 de l'Introduction.

son tonnage, ses dimensions, son genre de navigation. Il déclarera s'il est assurée et, en cas d'assurance, sa nature, sa durée et le nom des assureurs; il s'engagera en outre à se soumettre aux lois et règlements de la Principauté.

13. Les droits de Naturalisation sont fixés ainsi qu'il suit:

Acte de Naturalisation pour les navires de 1 à 100 tonneaux . . . . . 16 fr.
Pour chaque centaine de tonneaux en plus . . . . . . . . . . . . . . 12 fr.
Lettre patente pour naviguer sous pavillon Monégasque . . . . . . . . 24 fr.
Congé . . . . . . . . . . . . . . . . . . . . . . . . . . . . . . . . 36 fr.
Feuille d'Armement . . . . . . . . . . . . . . . . . . . . . . . . . 12 fr.
Droits sanitaires, par tonneau . . . . . . . . . . . . . . . . . . . . 0 fr. 50

Les droits sanitaires seront perçus pour six mois au départ du navire et ils continueront à être payés d'avance tous les six mois.

## Police Sanitaire.

14. Les lois et règlements français relatifs à la Police Sanitaire seront appliqués dans la Principauté.

Les dispositions de ces lois et règlements, qui ne pourront être exécutées dans la Principauté, le seront dans un Port français.

## Mouvement et stationnement des navires.

36. Tout navire quand il entre dans le Port, y exécute un mouvement ou en sort, doit arborer le pavillon de sa nation.

37. Les officiers du Port et, à leur défaut, le maître ou les agents du Port, règlent l'ordre d'entrée et de sortie des navires. Ils ordonnent et dirigent tous les mouvements. Les capitaines, maîtres ou patrons de navires doivent obéir à toutes leurs injonctions et en outre prendre d'eux-mêmes et sous leur responsabilité personnelle, dans toutes les manœuvres qu'ils effectuent, les mesures nécessaires pour prévenir les accidents.

38. Les règlements internationaux, destinés à prévenir les abordages et concernant les feux, marques et pavillons que doivent porter les différents bâtiments en rade ou à la mer, sont applicables dans les eaux territoriales et dans le Port de Monaco.

39. Tout capitaine, aussitôt après avoir mouillé, doit remettre au Bureau du Port une déclaration écrite indiquant le nom de son navire, celui du capitaine, celui de l'armateur ou du consignataire, le tonnage du navire, son tirant d'eau, son genre de navigation, la nature de son chargement, sa provenance, sa destination, le nombre d'hommes de son équipage, le nombre total de ses passagers, le nombre des passagers débarquant dans la Principauté, ainsi que le nom et la nationalité de chacun des ces derniers. Semblable déclaration doit être faite avant la sortie, indiquant le nombre de passagers embarqués dans le Port, ainsi que le nom et la nationalité de chacun d'eux.

Toutefois, les officiers et maître du Port ou leurs délégués, quand il s'agira de bateaux de promenade amenant à la fois un groupe d'excursionnistes, pourront ne pas appliquer à cette catégorie de voyageurs les dispositions ci-dessus concernant le nom et la nationalité des passagers.

Les déclarations ainsi remises par les capitaines seront, dans l'ordre de leur présentation, inscrites avec un numéro d'ordre sur un registre spécial.

40. Sauf les cas d'absolue nécessité, aucune ancre ne doit être mouillée dans la passe des navires.

41. Le mouillage doit se faire avec des ancres. Il est défendu d'employer des pierres ou autres engins de cette nature.

42. Les officiers du Port fixent la place que chaque navire doit occuper à quai selon son tirant d'eau et la nature de son chargement.

Pour prendre place à quai, les navires à vapeur ont toujours le pas sur les bâtiments à voiles, et, parmi les navires à vapeur, doivent primer les autres ceux qui font un service régulier de ou pour Monaco et se servent périodiquement des quais. Aux bateaux de ces lignes seront toujours, autant que possible, affectés les mêmes emplacements. Sous ces réserves, les officiers du Port doivent suivre l'ordre des inscriptions prescrites ci-dessus par l'article 39. Toutefois, dans des cas urgents et exceptionnels, ils seront juges des dérogations que cette règle pourra comporter.

**43.** Les navires en déchargement ou en chargement ne peuvent disposer des places qui leur sont assignées pour les échanger entre eux.

**44.** Les espèces, objets d'art, articles fragiles, matières offrant des dangers d'incendie ou autres, envois en vrac et animaux vivants ne sont admis à quai qu'en des endroits déterminés après accord préalable avec les officiers du Port.

**45.** Les navires qui voudront effectuer des opérations de transbordements seront tenus de quitter le quai pour aller faire ces opérations dans la partie centrale du Port. Ces navires pourront être exceptionnellement autorisés par les officiers du Port à rester à leur place lorsque l'état d'occupation des quais permettra de placer temporairement les navires preneurs bord à bord.

**46.** Lorsque les navires sont placés perpendiculairement aux quais, ceux du premier rang, c'est-à-dire les plus rapprochés du quai, auront toujours deux amarres sur le quai et une ancre à la mer. Ceux du second rang auront chacun une ancre à la mer et deux amarres sur le quai. Ceux des autres rangs auront chacun une ancre à la mer et deux amarres sur le rang précédent.

Le mouillage d'une seconde ancre pourra toujours être exigé par les officiers du Port.

**47.** Les navires ne peuvent être amarrés qu'aux boucles, pieux, bornes, canons ou bollards placés sur les quais pour cet objet.

**48.** Le capitaine d'un navire ne peut se refuser à recevoir une aussière, ni à larguer ses amarres, pour faciliter les mouvements des autres navires, si les officiers ou maître du Port jugent cette opération nécessaire.

**49.** Tout navire amarré dans le Port doit avoir un gardien à bord. S'il devient nécessaire de faire une manœuvre et qu'il ne se trouve pas sur le navire assez d'hommes pour l'exécuter, les officiers du Port leur adjoignent le nombre d'hommes de corvée qu'ils jugent nécessaire. Le salaire de ces hommes est payé par le capitaine, l'armateur, le consignataire ou le propriétaire du navire.

Dans le cas où le personnel employé serait celui de la Direction du Port, les salaires seront les mêmes que ceux payés au personnel de la Direction, majorés du dix pour cent. Dans le cas où le personnel de la Direction du Port serait insuffisant, les hommes employés seront payés sur la base des tarifs en usage dans la Principauté pour les travaux similaires, majorés du dix pour cent. Quand le personnel employé est celui de la Direction du Port, les sommes perçues sont versées au Trésor.

**50.** En cas de nécessité, tout capitaine ou gardien doit doubler les amarres et prendre toutes les précautions qui lui sont prescrites par les officiers du Port.

**51.** Les capitaines de navires arrivant dans le Port devront veiller à ne pas mouiller leurs ancres sur les chaînes des bâtiments déjà mouillés ou amarrés avant eux.

Les capitaines des navires entrant ou sortant du Port restent entièrement responsables des dommages ou avaries qu'ils pourraient occasionner aux autres bâtiments.

Le montant des dommages ou avaries, après expertise faite par le Directeur du Port, devra être payé par les propriétaires, consignataires ou capitaines avant que le bâtiment soit autorisé à quitter le Port.

L'autorisation de quitter le Port pourra cependant être accordée en cas d'urgence, pourvu que bonne et valable caution soit fournie par le propriétaire, consignataire ou capitaine du navire qui aura causé des dommages ou avaries. Au cas où un accord à l'amiable n'interviendra pas suivant les indications du Directeur du Port, le litige sera tranché par le Tribunal compétent et le navire pourra appareiller dès qu'il aura versé une caution provisoire égale à la somme fixée par le Directeur du Port. Cette caution restera acquise de plein droit à la Direction du Port ou à l'intéressé, si, dans les trois mois consécutifs à son versement, le représentant du navire qui a causé le dommage ne s'est pas présenté ou fait représenter devant le Tribunal.

## Chargement et Déchargement.

**52.** Le temps accordé pour le déchargement et le chargement des navires suivant leur tonnage, leur nature et leur position à quai, est fixé conformément au tableau ci-après.

Des dérogations au tarif ci-contre pourront être faites suivant la nature du chargement et les difficultés d'enlèvement des marchandises.

| Indication du tonnages des navires d'après la jauge française | Navires à vapeur | | Navieres à voile | | | |
| --- | --- | --- | --- | --- | --- | --- |
| | Nombre de jours accordés pour | | | | | |
| | Déchargement Bord à quai | Chargement Bord à quai | Déchargement Bord à quai | Chargement Bord à quai | Déchargement perpendicult. à quai | Chargement perpendicult. à quai |
| Jusqu'à 100 tonneaux | 2 | 3 | 4 | 6 | 7 | 7 |
| De 100 à 150 tonneaux | 3 | 4 | 6 | 10 | 10 | 10 |
| De 151 à 300 ,, | 5 | 6 | 8 | 12 | 14 | 14 |
| De 301 à 500 ,, | 7 | 8 | 10 | 14 | 16 | 16 |
| De 501 à 750 ,, | 9 | 10 | 12 | 16 | 18 | 18 |
| De 751 à 1.000 ,, | 11 | 12 | 14 | 18 | 20 | 20 |
| De 1.001 à 1.250 ,, | 13 | 14 | 16 | 20 | 22 | 22 |
| De 1.251 à 1.500 ,, | 15 | 16 | 18 | 22 | 24 | 24 |
| De 1.501 tonneaux et au-dessus | 17 | 18 | 22 | 24 | 26 | 26 |

Ces délais seront progressivement abrégés à mesure que se développeront les moyens d'action et l'outillage du Port. Ils commenceront à courir le lendemain du jour de la mise à quai.

On y ajoutera vingt-quatre heures toutes les fois que le navire aura besoin de prendre du lest pour se tenir debout.

Les officiers du Port seront juges des circonstances exceptionelles qui pourront motiver une prolongation des délais.

Tout navire qui, ayant pris place à quai, soit pour décharger soit pour charger, reste plus de trois jours consécutifs sans faire aucune opération, peut être contraint par les officiers du Port à quitter le quai et à prendre un autre rang d'inscription.

**53.** Le navire abandonnera la place à quai dès l'expiration du délai fixé pour le chargement et le déchargement, ou même plus tôt si ces opérations sont terminées avant que le délai soit expiré.

Les marchandises déchargées doivent, en principe, être enlevées au fur et à mesure qu'elles ont subi la vérification de la Douane, et, au plus tard, vingt-quatre heures après cette vérification. Si elles sont laissées sur quai plus longtemps que les délais fixés, les officiers du Port constatent le fait par un procès-verbal, et, après en avoir donné avis au Directeur, font transporter d'office ces marchandises au dépôt désigné pour cet objet. Elles ne peuvent plus ensuite en être retirées qu'après le paiement par les intéressés du prix de transport, du droit de magasinage, de tous les frais accessoires et d'une amende variant suivant les cas entre le minimum et le maximum fixés par l'article 94 ci-après.

## Lestage et Délestage.

**54.** Nul ne peut embarquer ou débarquer du lest sans en avoir fait la déclaration vingt-quatre heures à l'avance au Directeur du Port.

**55.** Le Directeur du Port désigne, conformément aux indications du Directeur des Travaux Publics, les terrains sur lesquels le lest peut être déposé.

Tout capitaine qui veut faire porter du lest aux lieux de dépôt désignés par l'Administration ou en prendre dans ces mêmes dépôts, doit en faire la déclaration par écrit au Bureau du Port.

Les déclarations doivent indiquer d'une manière précise les noms du navire, du capitaine, de l'armateur ou du consignataire, la place occupée par les navires, la quantité, l'espèce et la qualité du lest.

Ces déclarations sont inscrites dans le Bureau du Port sur un registre spécial; les autorisations sont accordées suivant l'ordre des demandes, à moins de circonstances exceptionelles dont le Directeur du Port est seul juge.

**56.** Il est interdit à tout capitaine de faire charger du lest à son bord, quelle qu'en soit la provenance, même celui qui vient de son propre navire et qui a été déposé provisoirement sur le quai, avant que le Directeur du Port se soit assuré que ce lest ne contient aucune matière insalubre.

Sont exceptés de cette disposition le lest en fer et les pierres connues sous le nom de *iron-stone* ou pierres de fer.

Il est défendu de travailler au lestage ou au délestage pendant la nuit, à moins d'une autorisation spéciale du Directeur du Port.

### Dispositions générales, Pénalités.

**90.** Les contraventions au présent règlement et d'une manière générale tous autres délits ou contraventions commis dans le Port et ses dépendances sont constatés par des procès-verbaux que dressent les officiers du Port, maître et agents du Port, les Commissaires de Police et autres agents ayant qualité pour verbaliser.

**91.** Chaque procès-verbal est transmis, suivant la nature du délit ou de la contravention constatée, au fonctionnaire chargé d'en poursuivre la répression.

**92.** A défaut du capitaine, maître ou patron, les armateurs ou propriétaires de navires sont civilement responsables des contraventions constatées à sa charge.

**93.** Lorsqu'en exécution du présent règlement il a été fait d'office certains frais à la charge du capitaine, de l'armateur ou du propriétaire du navire, ou lorsqu'il a été dressé procès-verbal pouvant donner lieu à une amende à la charge de ce même capitaine, armateur ou propriétaire, le navire ne peut quitter le Port avant que le capitaine ait fourni bonne et valable caution pour le paiement des frais ou de l'amende.

**94.** Les contraventions à la présente Ordonnance seront punies d'une amende de cinq à cent francs, et, s'il y a lieu, d'un emprisonnement de un à cinq jours prononcés par le Tribunal de Simple Police. Les procès-verbaux seront adressés au Commissaire de Police chargé du Ministère Public.

En cas de récidive, les délinquants seront traduits devant le Tribunal Supérieur qui pourra élever l'amende jusqu'à trois cents francs et l'emprisonnement jusqu'à vingt jours. Dans ce cas, les procès-verbaux seront transmis à l'Avocat Général.

En cas de contravention à la Police de la Pêche, le Tribunal pourra prononcer la confiscation des engins saisis. Les engins prohibés seront détruits et les autres vendus au profit du Trésor.

Dans tous les cas prévus par la présente Ordonnance, si les circonstances paraissent atténuantes, les peines, amendes et prison pourront être abaissées conformément à l'article 471 du Code Pénal.

**95.** Lorsque les contraventions n'entraîneront pas la peine d'emprisonnement, toute poursuite d'office sera arrêtée, si les contrevenants, qui ne sont pas en récidive, acquittent la moitié du maximum de l'amende et les frais déjà faits, conformément à l'article 388 du Code d'Instruction Criminelle.

### Perception des Taxes et Amendes.

**96.** Les taxes sanitaires comprennent: 1° Les droits de reconnaissance des navires; — 2° Les droits de patente de santé.

Le Directeur du Port est chargé de la perception de ces taxes.

**97.** Il perçoit également: 1° Les droits d'inscription des navires et embarcations; — 2° Les droits de place sur la plage pour les navires à caréner.

**98.** En ce qui concerne la Police du Port, le Directeur du Port est chargé également de la perception des amendes intervenues après transaction.

Le produit des différentes taxes ou amendes est versé au Trésor en fin de mois.

**99.** Toutes les autres amendes prononcées par le Tribunal Supérieur ou par le Tribunal de Simple Police, avant ou après jugement, seront versées au Bureau du Receveur de l'Enregistrement.

---

## IV. Ordonnance sur les Consulats.
### (Du 7 mars 1869.)

---

Art. **1.** Le corps consulaire se compose de consuls généraux, de consuls et de vice-consuls.

Ces agents sont nommés par Nous. Ils correspondent, quand il y a lieu, avec le gouverneur général[2], mais ils relèvent et reçoivent habituellement les directions nécessaires de Notre représentant diplomatique accrédité près le gouvernement dont ils ont reçu l'exequatur.

2. Les consuls n'ont ni le caractère, ni les attributions des agents diplomatiques.

Cependant ils peuvent devenir les intermédiaires officieux de Notre gouvernement près le gouvernement du pays où ils résident.

Leurs prérogatives et immunités résultent de Nos traités avec les Puissances étrangères, et, à défaut de convention spéciale, de l'usage et de la réciprocité.

3. Les consuls ont pour mission principale de protéger le commerce, la navigation et les intérêts de toute nature de Nos sujets à l'étranger. Ils veillent à l'exécution des traités et conventions existant entre Notre Principauté et les États où ils résident; ils signalent les traités et conventions conclus par ces États avec les autres Puissances; ils informent exactement Notre gouvernement de tous les faits de nature à l'intéresser, notamment en ce qui touche la législation, le régime économique, le commerce et les publications ayant trait à Notre Principauté.

4. Les consuls, indépendamment des attributions que leur confère le Code de Commerce, exercent un droit de police et de surveillance sur les navires de commerce portant le pavillon monégasque.

Ils veillent à ce que ce pavillon ne soit pas arboré indûment.

Ils visent ou délivrent les papiers de bord et certifient l'origine et l'expédition des produits assujettis aux droits de douane.

5. Les consuls visent ou délivrent les patentes de santé; ce visa leur donne l'occasion de compléter ou de rectifier, s'il y a lieu, les mentions de l'autorité locale. Ils sont d'ailleurs tenus d'aviser immédiatement le gouverneur général de l'existence des maladies épidémiques de nature à motiver des mesures préventives de police sanitaire.

6. Les consuls tiennent un registre matricule, sur lequel ils inscrivent les nom, prénoms, état civil et qualités de Nos sujet résidant dans leur circonscription. A la fin de chaque année, ils en adressent le relevé au gouverneur général[1]. Des certificats d'immatriculation sont délivrés aux personnes qui en font la demande.

7. En cas de décès d'un Monégasque dans un pays où leur compétence ne serait pas déterminée par les traités, les consuls se concertent avec l'autorité locale pour sauvegarder autant que possible la succession. A moins d'opposition de la part de l'autorité locale (dont ils auraient à rendre compte), ils assistent à l'apposition et à la levée des scellés ainsi qu'à toutes les opérations consécutives et veillent à la conservation de l'actif. A défaut d'inventaire, ils dressent un aperçu sommaire du montant de la succession et le transmettent au gouverneur général.

Le cas échéant, ils suppléent à l'abstention de l'autorité locale et prennent, dans l'intérêt des absents ou incapaples, toutes les mesures conservatoires que peuvent autoriser l'usage et les lois du pays.

8. Dans les pays où ce service n'est pas régulièrement assuré par l'autorité locale, les consuls remplissent les fonctions d'officiers de l'état civil à l'égard de Nos sujets, conformément aux Codes de la Principauté.

Les actes qu'ils reçoivent sont inscrits sur un registre qui doit être arrêté le 31 décembre de chaque année. Le nombre des actes reçus dans l'année doit être signalé, à la même époque, au gouverneur général.

Les consuls transcrivent sur le même registre les actes de l'état civil intéressant leurs nationaux qui ont été dressés par l'autorité locale.

Une expédition de tout acte inscrit ou transcrit est envoyée immédiatement au gouverneur général.

9. Les consuls visent, pour la Principauté, les passeports délivrés par les autorités étrangères, à la condition que ces titres de voyage leur paraissent expédiés dans les formes régulières.

Ils n'en délivrent eux-mêmes que sur le dépôt d'un passeport antérieur émanant du gouvernement de la Principauté ou d'un de ses agents, ou tout au moins sur le vu de pièces authentiques constatant l'identité et la nationalité du requérant.

Dans chaque consulat, il est tenu un registre des passeports et des visas de passeports. Un extrait en est envoyé, pour chaque année, au gouverneur général, après le 31 décembre.

10. Les consuls légalisent la signature des autorités de leur circonscription et celle des particuliers dont l'authenticité leur est personnellement connue. Cette

---

[1] V. la note p. 12 de l'Introduction.

légalisation est indispensable pour tous actes publics ou privés destinés à être produits dans la Principauté.

**11.** Les consuls prêtent leur ministère, lorsqu'ils en sont requis, pour conférer le caractère authentique aux actes et contrats passés entre Nos sujets. Ils peuvent également recevoir les procurations données par des étrangers dont l'identité leur est connue, pourvu que le mandataire habite la Principauté.

Tous ces actes, quels qu'ils soient, rédigés en minute ou en brevet, doivent être, à peine de nullité, libellés en présence de deux témoins majeurs et lettrés, qui les signent avec le consul et les parties. Ils sont inscrits sur un registre spécial arrêté le 31 décembre de chaque année, dont un double (ou un certificat pour néant) est adressé, dans le mois suivant, au gouverneur général.

**12.** La qualité de consul ne change pas la nationalité de celui qui l'obtient.
— Art. **13** et suivants sans intérêt. —

# Table des matières.

---

# Ordonnances supplémentaires.

TYPOGRAPHIE SPAMER, LEIPZIG

'ouvrage que nous offrons au public, répond à un besoin, que le développement extraordinaire de l'industrie, le progrès constant des moyens de communication, et, par voie de conséquence, l'expansion du commerce international, rendent chaque jour plus pressant. — De plus en plus, au milieu des conflits des lois nationales, dont quelques-unes à peine présentent un commencement d'unification, l'homme d'affaires est intéressé à pouvoir se rendre compte de toutes les suites des opérations qu'il traite avec le dehors, et il est indispensable au légiste d'avoir sous la main des documents soigneusement révisés, contrôlés, classés et traduits, qui lui permettent de donner en toute sécurité des consultations sur des matières de droit étranger. — La science du droit comparé enfin, que de fréquents congrès internationaux, voire même des assemblées diplomatiques, et l'incessante action d'importantes sociétés scientifiques spéciales ont rapidement fait progresser dans ces derniers temps, réclame la publication d'un tableau complet de l'état actuel du droit commercial, qui est, de sa nature, la plus internationale des branches du droit privé. — Au surplus, le moment paraît bien choisi pour une telle entreprise: depuis trente ans et plus, un effort considérable vers le perfectionnement de ces institutions s'est manifesté chez toutes les nations: des législations éparses ont été codifiées et des réformes profondes menées à bien. Elles peuvent être envisagées comme ayant, pour un certain temps, fixé la physionomie du droit, et mis les textes en rapport et en harmonie avec les besoins de la production et l'expansion du trafic.

*Les Lois commerciales de l'Univers*, pour atteindre le double but scientifique et pratique précisé plus haut, comprendront notamment des *Introductions historiques* et des *Exposés de la procédure commerciale*, qui permettront à un étranger de se rendre compte de la marche d'un procès, ou, plus généralement, des rapports de la procédure avec le droit commercial. On y trouvera en outre, avec une version française intégrale:

1° tous les Codes de Commerce des pays civilisés, les lois sur le *change*, la *faillite*, les *sociétés* et les textes du *droit maritime;*

2° les textes qui régissent les opérations de bourse, les transports par voie ferrée ou par eau, les assurances commerciales, la propriété industrielle, etc. . . . (Il n'est fait usage de l'analyse que pour les dispositions de moindre importance au point de vue du droit international);

3° les Traités de Commerce, de Navigation et d'Établissement;

4° le Droit commercial coutumier, tel que l'usage et la jurisprudence l'ont établi dans nombre de pays, comme la Grande-Bretagne, les États-Unis d'Amérique, les États Scandinaves, la Chine, etc. . . .

5° une bibliographie complète des principaux ouvrages publiés sur les matières du recueil;

6° les dispositions du Droit administratif, auxquelles renvoie le Droit commercial;

7° une étude comparative des institutions de Droit commercial dans les différents pays et une table analytique;

8° un index comparatif des termes de droit dans toutes les langues, et une table des matières.

*Les Lois commerciales de l'Univers*, publiées sous la haute direction de M. Charles LYON-CAEN, membre de l'Académie des Sciences Morales et Politiques et Professeur à la Faculté de Droit de l'Université de Paris, par M. Paul CARPENTIER, ancien bâtonnier de l'Ordre des Avocats de Lille, et M. Fernand DAGUIN, avocat à la Cour de Paris et Secrétaire-Général de la Société de Législation Comparée, ne se borneront pas, il faudrait se garder de le croire, à la sèche reproduction des Codes de Commerce et des lois des diverses nations. Le texte original, *placé partout en regard de sa traduction française*, y sera expliqué et commenté par des annotations claires et pratiques, de manière à mettre le lecteur à même d'en étudier aisément l'esprit et de le pénétrer à fond. — Cette œuvre, qui embrasse un si vaste ensemble, s'adresse non seulement aux savants et à tous ceux, qui, — juristes, industriels et négociants, — s'occupent d'affaires internationales, mais à de nombreuses administrations publiques, puisque les Consulats, les Tribunaux de presque tous les degrés, les Chambres de Commerce, etc. . . . y trouveront réunis sous une forme facile à consulter, les sources authentiques du droit commercial de tous les peuples. — Afin de permettre d'apercevoir le domaine auquel s'étend notre ouvrage, nous ne pouvons mieux faire que de joindre à ce prospectus une vue d'ensemble de certaines de nos sections les plus importantes, telles que l'Autriche, — (la Hongrie faisant naturellement l'objet d'une section particulière,) — la Grande-Bretagne et ses Colonies, les États-Unis et l'Allemagne.

### AUTRICHE.

Aperçu historique du Droit Commercial.
*Bibliographie* (7 pages).
*Exposé* de la Procédure Civile (10 pages).
Coup d'œil sur les Lois Annexes (8 pages).
**Code de Commerce.**
**Lois Annexes.**
> *Loi* du 17 décembre 1862, sur la mise en vigueur du Code de Commerce.
> *Loi* du 9 avril 1873, sur les associations coopératives et économiques.
> *Ordonnance* du 14 mai 1873, sur l'établissement et la tenue du Registre des Associations.
> *Loi* du 6 mars 1906, sur les sociétés à responsabilité limitée.
> *Loi* du 28 avril 1889, sur l'établissement et l'exploitation des magasins généraux et sur les titres qu'ils délivrent.
> *Ordonnance* du 9 mars 1863, sur l'établissement et la tenue du Registre du Commerce.
> *Ordonnance* du 26 avril 1906, modifiant la précédente.
> *Ordonnance* du 20 septembre 1899, portant réglementation des conditions dans lesquelles pourront se constituer et fusionner les sociétés par actions.
> *Etude sur l'autorisation des sociétés étrangères.*
> *Ordonnance* du 28 octobre 1865, sur les exceptions au droit commun admises en faveur de certains établissements de crédit.
> *Loi* du 24 avril 1874, sur les droits des porteurs de lettres de gage.
> *Loi* du 24 avril 1874, sur la représentation commune des droits des propriétaires d'obligations au porteur et sur l'inscription hypothécaire qui leur est accordée.
> *Loi* du 5 décembre 1877, complétant les deux précédentes.

**Change.**
*Introduction.*
*Ordonnance générale sur le Change.*
*Loi* du 3 avril 1906, sur les chèques.

**Faillite.**
*Introduction.*
*Loi* du 25 décembre 1868, mettant en vigueur l'Ordonnance sur la Faillite.
*Ordonnance sur la Faillite.*
*Loi* du 16 mars 1884, sur la contestation des opérations conclues par un débiteur insolvable.

**Bosnie-Herzégovine.**
*Introduction* (6 pages).
*Code de Commerce.*
*Loi sur le Change* (24 juin 1883).
*Faillite* (Loi du 24 juin 1883).

**Législation commune à l'Autriche et à la Hongrie.**
*Droit maritime.*
*Code maritime.*
*Loi* du 7 mai 1879, sur l'insertion des navires de commerce au Registre Naval.
*Diverses ordonnances* sur la marine marchande.

---

### Grande Bretagne.

Nous avons dit plus haut que les États anglo-saxons des deux côtés de l'Atlantique vivaient encore plus ou moins sous le régime du droit coutumier. Après avoir jeté un coup d'œil sur la manière dont nous avons reproduit une législation codifiée, on prendra sans doute quelque intérêt à suivre le développement et l'ordonnance de notre travail sur les pays de coutume.

Nous y avons apporté le plus grand soin, et, pour le Royaume-Uni, nous joignons à un exposé méthodique de la coutume et du **Common Law**, les derniers documents de jurisprudence et une bibliographie complète, le tout sous une forme absolument nouvelle.

En outre, comme on le verra plus loin, nous nous sommes attachés à reproduire la législation de toutes les colonies britanniques suivantes en un recueil, considérable et tel qu'il n'en existe point encore à ce jour, ni en Angleterre, ni en Amérique. Il nous suffira, pour en indiquer la valeur, de donner les noms des savants qui y ont collaboré.

Ce sont:

*M. Ch. H. Huberich*, Conseiller-ès-lois à Berlin et Paris, professeur à l'Université Leland-Stanford junior à Palo-Alto (Californie.) (*Canada. — Australasie. — Nouvelle-Zélande.*)

*M. Jos. Baptista*, avocat, ancien professeur à l'École de Droit du Gouvernement local, à Bombay. (*Empire des Indes et Dépendances.*)

*M. R. W. Lee*, professeur à l'Université d'Oxford et deux avocats distingués au Barreau de Cape-Town. (Afrique du Sud.)

*M. L. Refalo*, professeur à Malte.

La tâche que nous avons assumée n'était pas moins ardue en ce qui touche les États-Unis, en raison de la coexistence de la législation fédérale et du droit particulier à chaque État.

M. Ch. H. Huberich a bien voulu en accepter la haute direction, et les matières suivantes ont été, entre autres, rédigées sous son contrôle par les personnalités très qualifiées dont voici la liste:

*Introduction générale.* — *M. C. H. Huberich.*
*Bibliographie.* — *M. F. E. Chipman*, avocat à Boston.
*Organisation et procédure, judiciaires.* — *M. R. T. Devlin*, procureur-général des États-Unis pour la Californie.
*Contrats.* — *M. H. W. Ballantine*, professeur à l'Université de Montana à Missoula.
*Droit des banques.* — *M. W. U. Moore*, avocat, professeur à l'Université de Wisconsin à Madison.
*Valeurs Commerciales.* — *M. Donald J. Kiser*, Conseiller-ès-lois à Chicago.
*Faillite.* — *M. J. W. Magrath*, Conseiller-ès-lois, avocat à New-York.
*Achat - vente, Agents et commissionnaires et contrat d'affrètement.* — *M. O. K. Mac - Murray*, professeur à l'Université de Californie, à Berkeley.
*Sociétés.* — *M. J. B. Lichtenberger*, agrégé à l'Université de Pensylvanie à Philadelphie.
*Sociétés anonymes.* — *M. Ch. Andrews Huston*, professeur agrégé à l'Université Leland-Stanford junior.
*Assurance maritime.* — *M. W. R. Vance*, professeur à l'Université de Yale à New Haven.
*Traités de commerce et droit consulaire.* — *M. J. R. Baker*, du Ministère des Affaires Étrangères.

Dans chacun de ces traités spéciaux, le texte des lois fédérales et particulières est illustré d'un commentaire. Quant à l'ouvrage entier, il est conçu de telle sorte que l'ensemble de la législation commerciale de la grande République se trouve, pour la première fois, réuni et synthétisé.

Citons encore, à titre d'exemple, ce que nous avons fait pour la législation de l'Allemagne: chacune de ses parties a été confiée à un spécialiste éminent: la préface générale est l'œuvre de M. le Professeur *Lehmann*, de l'Université de Goettingen; MM. les Conseillers *Sievers* et *Könige*, du Tribunal de l'Empire, ont bien voulu se charger respectivement de la *Procédure* et de la matière des *Assurances*; M. *Ritter*, Conseiller à la Cour d'Appel (Tribunal régional supérieur) de Hambourg, de la *Législation Commerciale en général*, et M. *Brodmann*, Conseiller au Tribunal de l'Empire à Leipzig, du *Droit maritime*.

C'est, comme on le voit, une véritable encyclopédie que nous avons instituée au service de la science, de l'industrie et du commerce, qui trouveront aplanies, grâce aux travaux de nos auteurs, des voies jusqu'ici inaccessibles.

Voici en quels termes l'éminent Directeur des *Lois Commerciales de l'Univers* présente cet ouvrage au public dans la savante préface dont il l'a fait précéder:

«En publiant les textes avec la traduction française de ces codes et de ces lois en si grand nombre, en constatant les coutumes qui régissent, pour une large part, le commerce en Grande-Bretagne et dans les États-Unis d'Amérique, cet ouvrage fournit aux travailleurs et à tous ceux qui ont à interpréter ou à appliquer les législations commerciales, une réunion de documents unique en son genre. Cet ouvrage sera un instrument de travail indispensable pour toutes les études de législation commerciale comparée, pour les législateurs de tous les pays qui auront à compléter ou à modifier leurs lois nationales, pour tous ceux qui, dans la pratique, auront à consulter les lois commerciales de pays autres que celui dont ils sont les ressortissants. Il pourra ainsi contribuer, pour une large part, à faire progresser les législations, à éclairer la pratique et à favoriser un rapprochement entre les lois commerciales, si désirable pour le développement des relations entre les divers pays, et condition essentielle de l'accroissement de la richesse générale et de la consolidation de la paix entre les nations.»

# L'ouvrage complet sera divisé en quarante volumes, ainsi répartis:

**AMÉRIQUE DU SUD.**

1. République Argentine et Uruguay.
2. Colombie.
3. Vénézuela et Equateur.
4. Brésil.
5. Pérou et Bolivie.
6. Chili et Paraguay.

**AMÉRIQUE DU NORD.**

7 à 10. États-Unis.
11. Mexique, Guatémala et Cuba.
12. San-Salvador, République Dominicaine et Nicaragua.
13. Costa-Rica, Honduras, République de Haïti, Panama.

**AFRIQUE ET ASIE.**

14. Egypte, Libéria, Perse, Chine, Japon, Siam.

**EUROPE** (Nord et Nord-Est).

15 et 16. Grande Bretagne.
17. Colonies Britanniques, 1e et 3e Parties.
18 et 19.    id.           2e Partie.
20.          id.           4e Partie.
21 et 22.    id.           5e Partie.
23. Suède et Norvège.
24. Danemark.
25. Législation commune des États Scandinaves.

**EUROPE CENTRALE.**

26. France, Colonies et Protectorats Tunis, Maroc, Monaco.
27. Belgique et Luxembourg.
28. Pays-Bas et Colonies Néerlandaises.
29 à 31. Allemagne.
32. Autriche, Bosnie-Herzégovine.
33. Hongrie, Croatie-Esclavonie.
34. Bulgarie et Turquie.

**EUROPE ORIENTALE.**

35. Russie et Pologne.
36. Finlande, Serbie et Monténégro.

**EUROPE MÉRIDIONALE.**

37. Espagne.
38. Portugal et Grèce.
39. Italie, République de Saint-Marin, Roumanie.
40. Volume contenant un répertoire synoptique de lois, une table des matières, un index méthodique. — Suisse.

Détail des cinq volumes concernant les colonies britanniques:

17. 1e partie. **Amérique du Nord. — Canada.**
18. 2e partie. **Asie.** Empire des Indes avec Ceylan, Strait Settlements.
19. 3e partie. **Asie de Afrique.** Hong-Kong et Wey Haï-Wey, Afrique du Sud.
20. 4e partie. **Australie I.**
21. 5e partie. **Australie II.**

# Avis important.

Les institutions juridiques qui ont apparu comme les plus parfaites au moment de leur mise en vigueur, vieillissent au fur et à mesure que se transforment les besoins des peuples et les conditions générales d'existence des civilisations. Aussi un ouvrage tel que celui que nous mettons en vente, constituerait-il une œuvre morte, s'il ne se renouvelait constamment par la reproduction des textes les plus récents. Nous en avons, en conséquence, prévu dès à présent la continuation par des suppléments annuels, que nos souscripteurs pourront se procurer moyennant un faible abonnement. Les *Lois Commerciales de l'Univers* se compléteront donc à mesure que le besoin s'en fera sentir par des *Archives Commerciales*, dont nous ferons connaître le plan dès l'achèvement de notre publication. Quatorze volumes, qui seront promptement suivis de plusieurs autres, sont actuellement en vente: ce sont: les vol. II, Colombie; III, Vénézuéla, Équateur; IV, Brésil; VI, Chili et Paraguay; XII, Salvador, République Dominicaine et Nicaragua; XIII, Costa-Rica, Honduras, Haïti, Panama; XXIII, Suède et Norvège; XXIV, Danemark; XXV, États Scandinaves; XXVIII, Pays-Bas et Colonies Néerlandaises; XXXIII, Hongrie, Croatie, Slavonie; XXXV, Russie, Pologne; XXXVI, Finlande, Serbie, Monténégro; XXXVII, Espagne.

# Liste des auteurs des Travaux originaux.

MM.

**Aguirre** (Carlos), Avocat à Mexico.

**Allan** (Murisan), Avocat à Penang (presqu'île de Malacca).

**Astroem** (A.), Docteur en droit, Avocat à Malmoe.

**Azpuru** (José), Avocat et notaire à Guatémala.

**Baker** (J. R.), Avocat, Washington.

**Baillière** (Paul), Avocat.

**Ballantine** (H. W.), Avocat, Professeur de Jurisprudence, Missoula.

**Baptista** (Joseph), Avocat, Ancien Professeur de Jurisprudence à l'Ecole de Droit du Gouvernement Local, à Bombay.

**Baty** (Th.), Avocat à Londres.

**Benito** (Lorenzo), Docteur en droit, Professeur à l'Université de Droit Commercial à Barcelone, Avocat aux barreaux de Madrid et de Barcelone.

**Berge** (Stéphane), Premier Président de la Cour de Rabat Ancien Directeur du service judiciaire de la Tunisie.

**Berro-Garcia** (Ad.), Bachelier à Montévidéo.

**Bitti** (H.), Docteur en droit, Vice-Consul Impérial d'Allemagne à Constantinople.

**Breit** (James), Docteur en droit, Avocat-Avoué à Dresde.

**Brodmann** (E.), Conseiller au Tribunal de l'Empire de Leipzig.

**Bustillo** (Pedro-J.), Avocat à Tegucigalpa (Honduras).

**Chichmanow** (M. St.), Ancien Conseiller de Légation à l'Agence Diplomatique de Bulgarie à Vienne.

**Chipman** (Frank E.), Avocat, Boston.

**Chung-Hui-Wang**, Docteur en droit à Canton.

**Cohn** (Georges), Prof. de droit à l'Université de Zurich.

**Crueger** (H.), Professeur, Conseiller de Justice à Berlin-Westend.

**Cueto** (Le Professeur del), Doyen de la Faculté de Droit de La-Havane.

**Cupowitch** (Charles), Professeur de droit à l'Université d'Agram.

**Daily Alves de Sa** (Eduardo), Avocat à Lisbonne.

**Devlin** (R. Th.), Avocat, California.

**Dimitriu** (Basile), Professeur à l'Université de Jassy.

**Diobouniotis** (G.), Privat-Docent pour le Droit Commercial à l'Université d'Athènes.

**Djurowitch** (Mitar), Avocat à Cettigné.

**Dumreicher** (Le baron Frédéric de), Docteur en droit, Avocat à la Cour d'Appel mixte du Caire.

**Engel II**(C.), Docteur en droit, Conseiller de Justice à Berlin.

**Felkner** (Wladimir de), Conseiller aulique au Département Impérial russe des Finances, Berlin.

**Fernandez-Pradel** (Arturo), Avocat à Santiago (Chili).

**Flaischlen** (Georges), Docteur en droit, Conseiller à la Cour d'Appel de Bucarest.

**Forke** (A.), Docteur en droit, Professeur au Séminaire Oriental de Berlin.

**Gane** (Stégan), Docteur en droit, Avocat à Botosani (Roumanie).

**Garcia-Acevedo** (Daniel), Docteur en droit, Avocat à Montévidéo.

**Georgewitch** (André), Professeur à l'Ecole Royale Supérieure de Belgrade, Conseiller d'Etat en retraite du Royaume de Serbie.

**Gertscher** (Adalbert), Docteur en droit, Président de la Cour d'Appel de Trieste.

**Giannini** (Torquato-Carlo), Professeur à l'Ecole des Postes et Télégraphes de Rome.

**Goldschmidt** (Siegfried), Docteur en droit, Avocat-Avoué à Berlin.

**Greenfield** (James), Docteur en droit, à Tabriz.

**Hamangiu** (C.), Procureur-Général à la Cour d'Appel de Jassy.

**Hambro** (E.), Conseiller à la Cour Suprême de Christiania.

**Hasselot**, Traducteur-juré près les tribunaux de Paris.

**Hekmeijer** (F.-C.), Président du Tribunal de la Haye.

**Hennebicq** (L.), Docteur en droit, Avocat à la Cour d'Appel de Bruxelles.

**Horn** (G.), Docteur en droit, Avocat à la Cour d'Appel de Paris.

**Huberich** (Ch.-H.), Docteur en droit, Conseiller ès-lois, Avocat à Berlin et à Paris, ancien Professeur à l'Université Leland-Stanford, à Palo-Alto (Californie).

MM.

**Huss** (Henri), Interprète de la Légation Impériale d'Allemagne à Bogota.

**Huston** (A.), Professeur de droit à l'Université Leland-Stanford, California.

**Jaeger** (E.), Docteur en droit, Professeur à l'Université de Leipzig.

**Kallenberg** (Ernst), Docteur en droit, Professeur à l'Université de Stockholm.

**Kiser** (Donald-J.), Conseiller ès-lois à Chicago.

**Klibanski** (Henri), Avocat-Avoué à Berlin.

**Koenig** (B. de), Conseiller intime de Légation en exercice, Berlin-Schlachtensee.

**Koenige** (H.), Conseiller au Tribunal de l'Empire, à Leipzig.

**Kück** (R.), Avocat-Avoué, Secrétaire de la Légation de la République Dominicaine, à Hambourg.

**Lama** (Miguel-Antonio de la), Juge à la Cour Militaire Suprême à Lima (Pérou).

**Langgard-Menezes** (Rodrigo-Octavio de), Professeur titulaire à l'Université, Avocat à Rio-de-Janeiro.

**Lara** (Benigno), Docteur en droit, Membre de la Chambre des Députés de Bolivie, à la Paz.

**Lee** (R.-W.), Professeur de droit à l'Université d'Oxford.

**Lehmann** (Carl), Docteur en droit, Professeur de Droit à l'Université de Goettingen.

**L'Evesque** (Charles), Docteur en droit, Secrétaire de la Commission de Codification des Lois au Ministère de la Justice, à Bangkok.

**Levy** (Bela), Avocat-Avoué à Budapest.

**Lichtenberger** (J. B.), Avocat, Philadelphie.

**Loenholm** (L.), Professeur à l'Université Impériale de Tokio.

**Magrath**, Conseiller ès-lois à New-York.

**Mamelock** (Arthur), Docteur en droit, Avocat-Avoué à Zurich.

**Mandy** (Georges A.), Docteur en droit de Paris, Avocat, Bucarest.

**Mayer** (P.), Docteur en droit, Consul Impérial d'Allemagne à Bilbao.

**Mencos** (Alberto), Professeur à l'Université de Guatémala.

**Michailowitch** (Stanoje), Docteur en droit, attaché à la Légation serbe à Berlin.

**Moore** (W. U.), Professeur de droit, Madison.

**McMurray** (O. H.), Professeur de droit, Berkeley.

**Padel** (Wilhelm), Ancien Consul Impérial d'Allemagne et Directeur de la Banque Hypothécaire Égyptienne au Caire.

**Pergament** (J. J.), Bâtonnier de l'Ordre des Avocats à Odessa.

**Philippi** (Julio), Avocat à Santiago (Chili), Docteur en droit.

**Poujol** (Alex.), Juge au Tribunal Civil de Port-au-Prince (Haïti).

**Quesada** (Ernesto), Juge, Professeur aux Facultés de Droit de Buenos-Ayres, de la Plata, etc., Buenos-Ayres.

**Regteren-Altena** (Martinus van), Avocat à la Cour d'Appel d'Amsterdam.

**Reuter** (E.), Avocat à Luxembourg.

**Ritter** (C.), Conseiller à la Cour d'Appel de Hambourg.

**Rivas** (Angel-César), Docteur en droit, Avocat à Caracas, Ancien Professeur à l'Université.

**Rodriguez** (Clodomiro), Avocat, Docteur en droit à Assomption.

**Rolland** (le baron Hector de), Premier-Président de la Cour d'Appel de Monaco.

**Rossi** (Reyes-Arrieta-), Docteur en droit, Ancien Magistrat de la Cour Suprême, Professeur à l'École de Droit de San-Salvador.

**Salis** (Louis-Rodolphe de), Docteur en droit, Professeur honoraire à l'Université de Berne, à Zurich.

**Schreckenthal** (Paul), Docteur en droit, Secrétaire au Ministère du Commerce et de l'Industrie, à Vienne.

**Schuler** (A.), Avocat à Assomption.

**Senz** (Albert), Secrétaire du Consulat à la Corogne (Espagne).

**Sibley** (N.-W.), Avocat à Liverpool.

MM.
**Sievers** (H.), Docteur en droit, Conseiller au Tribunal de l'Empire, à Leipzig.

**Sommati di Mombello** (le comte Louis), Docteur en droit, à Berlin.

**Sraffa** (Angelo), Professeur aux Universités de Parme et de Milan, à Milan.

**Steinfuehrer** (Karl), Drogman à la Légation d'Allemagne à Tanger.

**Stewart Mac Cants** (F.), Juge au Tribunal Suprême à Monrovia (Libéria).

**Streit** (Georges), Avocat, Professeur à l'Université d'Athènes.

**Subow** (Pierre A.), Procureur-Général près la Cour d'Appel de Sofia.

MM.
**Tybjerg** (Erland), Docteur en droit, Assesseur au Tribunal Criminel de Copenhague.

**Uribe** (Antonio-José), Docteur en droit, Ancien Ministre d'État, Avocat et Professeur à la Faculté de Droit de Bogota.

**Urrutia** (Francisco-José), Avocat à Quito.

**Vance** (W. R.), Professeur de droit, New-Haven.

**Verona** (Anton), Docteur en droit, Conseiller à la Cour Suprême de Vienne.

**Vrbanió** (François), Docteur en droit, Professeur à l'Université d'Agram.

**Yün-Ma**, Docteur en droit, à Stanjan-Fou.

**Zavadskij** (A.-W.), Privat-Docent à l'Université de Kazan.

**Zelaya** (Ramon), Avocat, Consul-Général de Costa-Rica en Italie, à Gênes.

# Liste des auteurs des Travaux originaux. (Suite.)

MM.

Koenige (H.), Conseiller au Tribunal de l'Empire, à Leipzig.

Kuck (R.), Avocat-Avoué, Secrétaire de la Légation de la République Dominicaine, à Hambourg.

Lama (Miguel-Antonio de la), Juge à la Cour Militaire Suprême à Lima (Pérou).

Langgaard de Menezes (Rodrigo-Octavio de), Avocat à Rio-de-Janeiro.

Lara (Benigno), Docteur en droit, Membre de la Chambre des Députés de Bolivie, à la Paz.

Lee (R.-W.), Professeur de droit à l'Université d'Oxford.

Lehmann (Carl), Docteur en droit, Professeur titulaire de droit à l'Université de Goettingen.

L'Evesque (Charles), Docteur en droit, Secrétaire de la Commission de Codification des Lois au Ministère de la Justice, à Bangkok.

Levy (B.), Avocat à Budapest.

Lichtenberger (J.-B.), Bachelier à arts et en droit, Agrégé à la Faculté de Droit de l'Université de Pensylvanie à Philadelphia.

Loenholm (L.), ancien Professeur à l'Université Impériale de Tokio.

Magrath, Cons. ès-lois à New-York.

Mamelock (Arthur), Docteur en droit Avocat-Avoué à Zurich.

McMurray (Orrin-Kip), Bachelier en philosophie et en droit, Professeur de droit à l'Université de Californie, Berkeley.

Mencos (Alberto), Professeur à l'Université de Guatemala.

Michailowitch (Stanoje), Docteur en droit, Attaché à la Légation serbe à Berlin.

Padel (Wilhelm), Consul Impérial d'Allemagne à Beyrouth.

Pergament (J. J.), Bâtonnier de l'Ordre des Avocats à Odessa.

Philippi (Julio), Avocat à Santiago (Chili), Docteur en droit.

Poujol (Alex.), Juge au Tribunal Civil de Port-au-Prince (Haïti).

Quesada (Ernesto), Juge, Professeur aux Facultés de Droit de Buenos-Ayres et de la Plata etc., à Buenos-Ayres.

Refalo (M. A.), Docteur en droit, Avocat assistant de la Couronne, Professeur de droit commercial à l'Université de Malte.

Regteren-Altena (Martinus van), Avocat à la Cour d'Appel d'Amsterdam.

Reuter (E.), Avocat à Luxembourg.

Reyes Arrieta-Rossi, Docteur en droit, Ancien Magistrat de la Cour Suprême, Professeur à l'Ecole de Droit de San-Salvador.

Ritter (C.), Conseiller à la Cour d'Appel de Hambourg.

Rivas (Angel-César), Docteur en droit, Avocat à Caracas, Ancien Professeur à l'Université.

Rodriguez (Clodomiro), Avocat, Docteur en droit à Assomption.

Rolland (le Bon H. de), Premier Président de la Cour d'Appel de Monaco.

Salis (Louis-Rodolphe de), Docteur en droit, Professeur honoraire à l'Université de Berne, à Zurich.

Schreckenthal (Paul), Docteur en droit, Secrétaire au Ministère du Commerce et de l'Industrie, à Vienne.

Schuler (A.,) Avocat à Assomption.

Senz (Albert), Secrétaire du Consulat à la Corogne (Espagne).

Shepheard (W.-P.-B.), Avocat à Londres.

Sibley (N.-W.), Avocat à Liverpool.

Sievers (H.), Docteur en droit, Conseiller au Tribunal de l'Empire, à Leipzig.

Sommati di Mombello (le comte Louis), Docteur en droit, à Berlin.

Sraffa (A.), Professeur aux Universités de Parme et de Milan, à Milan.

Steinfuehrer (Karl), Drogman à la Légation d'Allemagne à Tanger.

Stewart Mac Cants (F.), Juge à la Cour Suprême à Monrovia (Libéria).

Streit (Georges), Avocat, Professeur à l'Université d'Athènes.

Subow (P. A.), Procureur Général près la Cour d'Appel de Sofia.

Tybjerg (Erland), Docteur en droit, Assesseur au Tribunal Criminel de Copenhague.

Uribe (Antonio-José), Docteur en droit, Ancien Ministre d'État, Avocat et Professeur à la Faculté de Droit de Bogota.

Urrutia (F.-J.), Avocat à Quito.

Vance (W. R.), Bachelier ès-lois et ès-arts, Professeur à la Faculté de Droit de l'Université de Yale (New-Haven).

Verona (A.); Docteur en droit, Conseiller à la Cour Suprême de Vienne.

Vickery (James Harris), Conseiller ès-lois à Berlin.

Vrbanic (F.), Docteur en droit, Professeur à l'Université d'Agram.

Yüu-Ma, Docteur en droit, à Stanjan-Fou.

Zavadsky (A.-W.), Privat-Docent à l'Université de Kazan.

Zelaya (R.), Avocat, Consul-Général de Costa-Rica en Italie, à Gênes.

---

## Prix de l'ouvrage complet en quarante volumes :

Broché . . . . . . . . . . . . . . 1720 fr.
Demi-reliure veau soignée avec coins 1800 fr.

*Payables à raison de 43 Fr. le volume broché, ou de 45 Fr. le volume reli*

## Chaque volume pris séparément :

Broché . . . . . . . . . . . . . 52 fr.
Demi-reliure . . . . . . . . . . . 55 fr.

---

## Division de l'ouvrage :

**Amérique du Sud :**

1. République Argentine et Uruguay.
2. Colombie.
3. Vénézuéla et Équateur.
4. Brésil.
5. Pérou et Bolivie.
6. Chili et Paraguay.

**Amérique du Nord et Amérique Centrale :**

7. États-Unis.
8. id.
9. id.
10. id.
11. Mexique, Guatémala, Cuba.
12. San Salvador, République Dominicaine, Nicaragua.
13. Costa-Rica, Honduras, Haïti, Panama.

**Afrique et Asie :**

14. Égypte, Maroc, Libéria, Chine, Japon, Siam.

**Europe du Nord et du Nord-ouest :**

15. Grande Bretagne.
16. id.
17. Colonies Britanniques.
18. id.
19. id.
20. id.
21. id.
22. id.
23. Suède et Norvège.
24. Danemark.
25. Etats Scandinaves (Législation commune).

**Europe Centrale :**

26. France, Colonies françaises et Protectorats, Suisse, Monaco.
27. Belgique, Luxembourg.
28. Pays-Bas et Colonies Néerlandaises.
29. Allemagne.
30. id.
31. id.
32. Autriche.
33. Hongrie.
34. Bulgarie.

**Europe Orientale :**

35. Russie, Pologne.
36. Finlande, Serbie, Monténégro.

**Europe Méridionale :**

37. Espagne.
38. Turquie, Grèce.
39. Italie, Saint-Marin, Roumanie.
40. Comparaison des Institutions. — Vocabulaire du Droit Commercial et table générale des matières.

# Les Lois Commerciales de l'Univers

## Texte et traduction française en regard. 40 volumes grand in 8⁰

L'ouvrage que nous offrons au public, répond à un besoin, que le développement extraordinaire de l'industrie, le progrès constant des moyens de communication, et, par voie de conséquence, l'expansion du commerce international, rendent chaque jour plus pressant.

De plus en plus, au milieu des conflits des lois nationales, dont quelques-unes à peine présentent un commencement d'unification, l'homme d'affaires est intéressé à pouvoir se rendre compte de toutes les suites des opérations qu'il traite avec le dehors, et il est indispensable au légiste d'avoir sous la main des documents soigneusement révisés, contrôlés, classés et traduits, qui lui permettent de donner en toute sécurité des consultations sur des matières de droit étranger. La science du droit comparé enfin, que de fréquents congrès internationaux, voire même des assemblées diplomatiques, et l'incessante action d'importantes sociétés scientifiques spéciales ont rapidement fait progresser dans ces derniers temps, réclame la publication d'un tableau complet de l'état actuel du droit commercial, qui est, de sa nature, la plus internationale des branches du droit privé.

Au surplus, le moment paraît bien choisi pour une telle entreprise. Depuis trente ans et plus, un effort considérable vers le perfectionnement de ces institutions s'est manifesté chez toutes les nations: des législations éparses ont été codifiées, et des réformes profondes menées à bien. Elles peuvent être envisagées comme ayant pour un certain temps fixé la physionomie du droit, et mis les textes en rapport et en harmonie avec les besoins de la production et l'expansion du trafic.

LES LOIS COMMERCIALES DE L'UNIVERS, pour atteindre le double but scientifique et pratique indiqué plus haut, comprendront notamment des INTRODUCTIONS HISTORIQUES et des EXPOSÉS DE LA PROCÉDURE COMMERCIALE, qui permettront à un étranger de se rendre compte de la marche d'un procès, ou, plus généralement, des rapports de la procédure avec le droit commercial. On y trouvera en outre avec une version française intégrale:

1⁰ tous les Codes de Commerce des pays civilisés, les lois sur le CHANGE, la FAILLITE et les SOCIÉTÉS et les textes du DROIT MARITIME;

2⁰ les textes qui régissent les opérations de bourse, les transports par voie ferrée ou par eau, les assurances commerciales, la propriété industrielle, etc. . . . . (Il n'est fait usage de l'analyse que pour les dispositions de moindre importance au point de vue du droit international);

3⁰ les traités de commerce, de navigation et d'établissement;

4⁰ le droit commercial coutumier, tel que l'usage et la jurisprudence l'ont établi dans nombre de pays, comme la Grande-Bretagne, les États-Unis d'Amérique les États Scandinaves, la Chine, etc. . . .

5⁰ une bibliographie complète des principaux ouvrages publiés sur les matière, du recueil;

6⁰ les dispositions du droit administratif, auxquelles renvoie le droit commercial;

7⁰ un répertoire analytique et synoptique et une étude comparative des institutions de droit commercial dans les différents pays;

8⁰ un index comparatif des termes de droit dans toutes les langues et une table des matières.

Les LOIS COMMERCIALES DE L'UNIVERS, publiées, sous la haute direction de M. Charles LYON-CAEN, membre de l'Institut de France (Académie des Sciences Morales et Politiques), et Professeur à la Faculté de Droit de l'Université de Paris, par M. Paul CARPENTIER, avocat à Lille et Bâtonnier de l'Ordre, et M. Fernand DAGUIN, avocat à la Cour de Paris et secrétaire général de la Société de Législation Comparée, ne se borneront pas, à reproduire sèchement les Codes de Commerce et les lois des diverses nations. Le texte original, PLACÉ PARTOUT EN REGARD DE SA TRADUCTION FRANÇAISE, y sera expliqué et commenté par des annotations claires et pratiques, de manière à mettre le lecteur à même d'en étudier aisément l'esprit et de le pénétrer à fond.

Cette œuvre, qui embrasse un si vaste ensemble, s'adresse non seulement aux savants et à tous ceux, — juristes, industriels et négociants, — qui s'occupent d'affaires internationales, mais à de nombreuses administrations publiques, puisque les consulats, les tribunaux de presque tous les degrés, les chambres de commerce etc. . . . y trouveront réunis sous une forme facile à consulter, les sources authentiques du droit commercial de tous les peuples.

TYPOGRAPHIE SPAMER, LEIPZIG.